丝绸之路
上的那些事

胡同庆　王义芝——编著

甘肃文化出版社

图书在版编目（ＣＩＰ）数据

丝绸之路上的那些事 / 胡同庆，王义芝编著. — 兰州 : 甘肃文化出版社，2023.5
ISBN 978-7-5490-2402-5

Ⅰ. ①丝… Ⅱ. ①胡… ②王… Ⅲ. ①丝绸之路—通俗读物 Ⅳ. ①K928.6-49

中国国家版本馆CIP数据核字(2023)第064414号

丝绸之路上的那些事

胡同庆　王义芝 ┃ 编著

责任编辑 ┃ 党　昀
封面设计 ┃ 马吉庆

出版发行 ┃ 甘肃文化出版社
网　　址 ┃ http://www.gswenhua.cn
投稿邮箱 ┃ gswenhuapress@163.com
地　　址 ┃ 兰州市城关区曹家巷1号 ┃ 730030（邮编）

营销中心 ┃ 贾　莉　王　俊
电　　话 ┃ 0931-2131306

设计制版 ┃ 兰州大雅文化艺术有限公司
印　　刷 ┃ 天津图文方嘉印刷有限公司
开　　本 ┃ 880 毫米 ×1230 毫米　1/32
字　　数 ┃ 180 千
印　　张 ┃ 8.75
版　　次 ┃ 2023 年 5 月第 1 版
印　　次 ┃ 2023 年 5 月第 1 次
书　　号 ┃ ISBN 978-7-5490-2402-5
定　　价 ┃ 68.00 元

前　言

　　"地上本没有路，走的人多了，也便成了路。"（鲁迅）

　　丝绸之路的形成，也是这样由许许多多的人日复一日、月复一月、年复一年，一步一个脚印走出来的。

　　最初，试图探索这条路的人，可能是为了一个美好的传说，也可能是为了一个神奇的梦境。

　　后来，行走在这条路上的人，既有出巡扬威的帝王和从事外交的使臣，也有开疆拓土的将士和贩运货物的商人，以及求法传法的僧侣、远嫁异乡的和亲公主、戍边屯田的移民、被流放的犯人……

　　这条路上，有白雪皑皑的崇山峻岭，也有郁郁葱葱的绿洲良田；有汹涌澎湃的急流险滩，也有碧波荡漾的湖泊。

　　这条路上，有荒无人烟的大漠戈壁，也有繁华昌盛的城镇都市；有晨钟暮鼓的寺院，也有炊烟袅袅的村庄。

　　这些村庄和城镇中的居民，不仅有汉族、匈奴、鲜卑、突厥、吐谷浑、吐蕃、回鹘、党项等各族人民，而且还有来自异国的人。

　　形形色色的人们，在这条漫长的丝绸之路上行走或居住，他们的生活或许惊心动魄，或许平淡如水。不管怎样，正是有他们在这条路上的经历，丝绸之路才得以形成和发展，并延续至今。

本书汇集了丝绸之路上发生的一些生动精彩的故事，以飨读者。

（由于丝绸之路涉及的内容非常广泛，而笔者学识有限，谬误之处难免会有不少，故恳请有关专家学者不吝指正，在此谨致以深切谢意！）

目　录

丝绸之路上的那些事

周穆王西巡开拓丝路

　　早在公元前 921 年之前，当时的中国便与西域进行了非常重要的交流，这就是具有传奇色彩的周穆王西巡的故事。

　　关于周穆王，《左传》谓其"欲肆其心，周行天下"，要使天下的道路都印上自己的车辙、马迹。《史记·秦本纪》亦说，造父善御，得八骏，穆王使驾而"西巡狩，乐而忘归"。《史记·周本纪》亦记载周穆王征伐犬戎，"得四白狼、四白鹿以归"。

　　同时具有传奇色彩的是《穆天子传》一书的面世。西晋咸宁五年（279 年）或太康二年（281 年），河南汲县有个名叫不准的盗墓者，挖开战国时期魏安釐王之墓，竟意外地发现一批埋藏了五六百年的竹简，有数十车之多，计十余万言。经当时文人整理为 75 篇，《穆天子传》便是其中完整保存至今的一篇，同时出土的还有史书《竹书纪年》。

　　《穆天子传》是记录周穆王在位时南征北战征巡四海的一部古书，其中详细记述了周穆王西巡开拓西域的历程，说周穆王得赤骥、盗骊、白义、逾轮、山子、渠黄、骅骝、绿耳八匹好马，由造父御车，以伯夭作向导，进行了一次西征昆仑山的远行。其路线自洛阳渡黄河，逾太行，涉滹沱，出雁门，抵包头，过贺兰山，穿越沙漠，经凉州至天山东麓的巴里坤湖；又走天山南路，到新疆和田河、叶尔羌河一带；然后又北行一千公里，至"飞鸟之所解羽"的"西北大旷原"，即中亚地区。返回时走天山北路。沿途与各民族频繁往来赠答，如珠泽人"献白玉石……食马三百，牛羊二千"，穆天子赐"黄金之环三五，朱带贝饰三十，工布之四"；赤乌人"献酒千斛……食马九百，羊、牛三千，穄、麦百载"，穆天子赐"墨乘四，黄金四十镒，贝带五十，珠三百裹"；曹奴人献"食马九百，牛、羊七千，穄米百车"，天子乃赐曹奴之人"黄金之鹿，银，贝带四十，珠四百裹"。这是古代中国与西域进行交流的最早史料记载，比张骞出使西域提前约八百年。

据记载，周穆王西巡途中，还有一段浪漫的传奇爱情故事。穆天子以诸侯进献的八骏神马为御驾，一路往西征讨，抵达昆仑之丘。西王母出来阻止他，请他观黄帝之宫，迎他上瑶池，设宴款待。瑶池如同仙境，亭台楼阁，雕梁画栋，假山喷泉，奇花异草，处处令人流连忘返。周穆王和西王母沉浸其中，欢愉无比，他们一会儿刻石纪功，一会儿植树留念，缠缠绵绵，卿卿我我，如同一对初恋情人。在告别的宴会上，两位相见恨晚地一唱一和，以诗来互相抒发依依惜别的情感。西王母先赋诗一首："白云在天，山陵自出。道里悠远，山川间之。将子无死，尚能复来？"意思就是：白云在天空中飘荡，哪一座山啊都不是它停留的地方！重重的山啊路途遥远，道道的水啊艰险漫长，它们把我们阻隔两地！啊，假如你平平安安渡过了难关，你还愿意不愿意再回到我的身旁？表达了她对周穆王的不舍之情。周穆王马上吟诗一首，说："予归东土，和治诸夏。万民平均，吾顾见汝。比及三年，将复而野。"意思是说：我不得不回到我东方的国土，我一定能联合起各地的诸侯，平定叛乱。我要尽快地解救百姓的苦难，为了见到你，我再旋风一般回头！我向你保证，最多三年，三年一到，我就会再跨进你的国都！

西王母听到穆王这样坚定、深情的回答，又高声吟道："徂彼西土，爰居其野。虎豹为群，於鹊与处。嘉命不迁，我惟帝女，彼何世民，又将去子？吹笙鼓簧，中心翱翔，世民之子，惟天之望。"这首长诗的意思，翻译成现代诗则是：啊，不！你长途跋涉来到我这遥远的西方，可我这里是这样的简陋、荒凉！只有鹊儿鸟儿叽叽喳喳地同我住在一起，凶猛的虎豹在我们四周游逛。只要你美好的誓言不再改变，我也永远是你贴心的娇娘。啊，那是一些什么样的百姓啊，竟使你忍心离我而去为他们奔忙？这管弦笙歌吹唱的是我的愁苦，我的心早已悬在半空飘飘荡荡！啊，你这个爱民如子的君主啊！我只有遥望着长空把你怀想……他们就这样唱和着，缠绵悱恻，直到离别。后来，周穆王没有如约西行，而是西王母在四年之后东来，朝见了周穆王。作为国宾，穆王在昭宫款待西王母。

这段颇为浪漫的故事被后世传为佳话。不论周穆王与西王母这段传奇故事是否属实，当时的中国与西域进行了非常重要的交流，应该是没有疑问的。

敦煌壁画中，有不少描绘东王公（周穆王）和西王母在天空中驾车遨游的画面（图1—图4）。如西魏第249窟北坡的壁画中，东王公身着大袖长袍，乘四龙驾车，前有持缰御者，即"造父为御"。车上华盖高悬，旌旗飘扬，车前有乘龙方士引导，车后有天兽尾随。画面下

图 1　莫高窟西魏第 249 窟南披　西王母

图 2　莫高窟西魏第 249 窟北披　东王公（残）

图 3　莫高窟隋代第 305 窟窟顶南披　西王母

部绘山峦、树林、奔驰的野牛、成群的野猪，以及射虎、追羊等狩猎场面，表现周穆王出游围猎的情景。南披的壁画中，西王母乘三凤驾车，身着汉装袖手而坐，御者立其侧。三凤挽车，车顶悬重盖，车尾斜插旌旗，随风飘扬。车前有乌获、羽人、乘鸾仙姬、持节仙人引导，车旁有文鳐、白虎护卫，后有神兽开明簇拥随行。画面下部山峦、树林中，有漫游寻草的野牛、伸颈嚎叫的犀牛、惊慌逃窜的麋鹿，馋涎欲滴的豺狗，凶残欲扑的饿狼，踌躇不定的山羊，展现了当时广袤无垠的自然生态环境。

图 4　莫高窟隋代第 305 窟窟顶北披 东王公

西域奇人向周穆王献艺

据《列子》记载，周穆王之所以"不恤国是，不乐臣妾，肆意远游"，其原因是，当时西域有个能幻化的人来到中国向周穆王献艺。他能进入水火之中，穿过金属岩石，能翻倒山河，移动城市，悬在空中不会坠落，碰到实物不被阻碍，千变万化，无穷无尽，既能改变事物的形状，又能改变人的思维。

周穆王对这位西域幻化人像天神一样尊敬，像国君一样地侍奉，把自己的寝宫让出来让他居住，用祭祀神灵的膳食给他吃喝，选择美丽的女子奏乐供他娱乐。

可是这个幻化人却认为穆王的宫殿太低太差不可以居住，穆王的膳食又腥又臭不可以享用，穆王的嫔妃又膻又丑不可以亲近。于是穆王便为他另筑宫殿，雕梁画栋，穆王把府库的钱财全部耗尽，才把楼台建成。

楼台高达八千尺，比终南山还要高，称作中天之台。又挑选郑国和卫国美丽而苗条的女子，体洒香水，修饰蛾眉，戴上首饰耳环，涂脂抹粉，描眉画唇，佩珠玉，戴手镯，再带上各种香草前往这座楼台，演奏《承云》《六莹》《九韶》《晨露》等动听的音乐。每月送去最美的衣服，每天送上最美的膳食，使他快乐。

可是这位幻化人还是不高兴，没住多久，他邀请穆王一同出去游玩。穆王拉着他的衣袖，便腾云而上，到天的中央才停下来。接着便到了幻化人的宫殿，幻化人的宫殿用金银建筑，以珠玉装饰，在白云与雷雨之上，不知道它下面以什么为依托，看上去好像是驻留在白云之中。耳朵听到的，眼睛看到的，鼻子闻到的，口舌尝到的，都是人间所没有的东西。穆王真以为到了清都紫微、钧天广乐这些天帝所居住的地方。

穆王低头往地面上看去，见自己的宫殿楼台简直像垒起来的土块和堆起来的茅草。穆王觉得即使在这里住上几十年也不会想念自己的国家的。幻化人又请穆王一同游玩，所到之处，抬头看不见太阳、月亮，低头看不见江河海洋。光影照来，穆王眼花缭乱看不清楚；音响传来，穆王耳鸣声乱听不明白。百骸九窍，全都在颤抖。神志不清的穆王，于是请求幻化人带他回去。

幻化人将他推了一把，穆王好像跌落到了虚空之中。醒来以后，还是坐在原来的地方，左右还是原来侍候他的人，看着眼前的东西，那水酒是刚倒出来的，菜肴是刚烧好的，穆王问左右："我刚才是从哪里来的？"左右的人说："大王不过是默默地待了一会儿。"从此穆王精神恍惚了三个月才恢复正常。再问幻化人，幻化人说："我与大王的精神出去游玩罢了，形体何尝移动过呢？而且您在天上居住的宫殿，与大王的宫殿有什么不同呢？您在天上游玩的花园，与大王的花园有什么不同呢？大王习惯了经常看到的东西，对暂时的变化感到怀疑，其实即使是最大的变化，无论是慢一点的还是快一点的变化，哪能都如实地描绘出来呢？"穆王十分高兴，从此不过问国家大事，不亲近大臣与嫔妃，毫无顾忌地到遥远的地方去游玩。

《列子》中还记载，周穆王西巡途中，路上有人自愿奉献技艺给穆王，名叫偃师。穆王召见他，问："你有什么才能？"偃师说："我能按你的任何想法去做，我已经造出了一件东西，希望大王先看一看。"穆王说："过几天你把它带来，我们一块儿看看。"过了一天，偃师带着一个偶人又来拜见穆王。穆王说："和你一道来的是什么人啊？"偃师回答："是我所造的能唱歌跳舞的人。"穆王惊奇地看着它，那偶人前进、后退、前俯、后仰，动作和真人无一不像。摇它的头，便唱出了符合乐律的歌；捧它的手，便跳起了符合节拍的舞，千变万化，你想叫它干什么它就能干什么。周穆王看得有趣过瘾，便叫宠姬及宫内侍御一起出来观看。

表演将毕，那偶人却向周穆王的宠姬抛了个媚眼，周穆王勃然大怒，一心认定这个灵活宛如活人的家伙本就是个不折不扣的真人，便要将偃师当场处决。偃师连忙拆开那唱歌跳舞的偶人让穆王看，原来是用皮革、木料、胶水、油漆、白粉、黑粉、红粉、青粉等材料组合起来的。穆王仔细察看，体内的肝、胆、心、肺、脾、肾、肠、胃，体外的筋骨、四肢、骨节、皮肤、汗毛、牙齿、头发等，一应俱全，但全是假的。一经组合，却又是一个活生生的偶人。若将偶人的心拆走，偶人的嘴便无法说话；拆走肝则眼目皆盲，将它的肾拆走，其腿就无法走路。

最后，周穆王心悦诚服，大叹道："人的技巧竟然可以与创造万物的天帝具有相同的功能啊！"于是让偃师坐上副车一起回到中原。

　　西域奇人的献艺促进了中西交通和文化的交流，虽然幻化人献艺并不一定是周穆王西巡的真正原因，但当时有关西域的各类信息对周穆王西巡有重要影响，应该是肯定的。而偃师献艺对当时中国的影响，《列子》中有记载，说鲁班曾造出攻城用的云梯，下无支撑点，却可以凌虚仰攻；墨翟曾用木材造出飞鸢，在天上飞三天而不会停下来，他们都自称是最高的技能了。但当他们的弟子东门贾、禽滑厘听到了偃师的技巧，告诉了两位老师后，这两位终身再也不敢谈论自己的技艺，而时时拿着规、矩勤学苦练。

　　1979 年，山东省莱西县西汉墓出土了一个可坐、可立、可跪，高193 厘米的大木偶实物。它的肢体由 13 段木条组成，各构件间有关节，腹、腿部构件中钻有许多小孔，骨架灵活机动。这具西汉时期的悬丝提线木偶，与西域匠人偃师所制作的偶人，有异曲同工之处（图 5）。

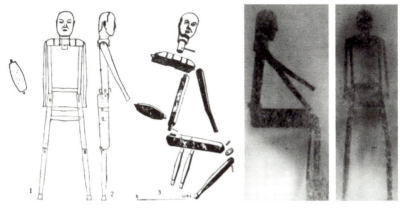

1.正视结构图　2.侧视结构图　3.头部、躯干、四肢、关节部位结构示意图　4.左侧（坐）　6.正面（立）

图 5　山东莱西县西汉墓出土的大木偶　引自《文物》1980 年第 12 期

另外，新疆吐鲁番阿斯塔那第 206 号张雄夫妇墓出土的唐代男、女绢衣木偶，也反映了当时中原与西域之间的文化交流（图 6、图 7）。

图 6　新疆阿斯塔那墓第 206 号 男绢衣木偶

图 7　新疆阿斯塔那墓第 206 号 女绢衣木偶

老子出关化胡成佛

　　老子, 春秋时思想家, 姓李名耳, 字聃, 曾担任周朝的"守藏室之官"(管理藏书的官员)(图8)。

　　周敬王四年(前516年), 周王室发生内乱, 王子朝率兵攻下刘公

图8　泉州清源山老子造像

之邑，周敬王受迫。当时晋国强盛，出兵救援周敬王。王子朝势孤，与旧僚携周王室的藏书典籍逃往楚国。老聃蒙受失职之责，受牵连而辞旧职。据传，老子看到周王朝越来越衰弱，于是产生离宫归隐之心，便骑一青牛，打算出函谷关，西游秦国，然后到西域去。

老子离开周王朝洛邑不远，但见四野一片荒凉，断垣颓壁，井栏摧折，阡陌错断，田园荒芜，枯草瑟瑟。田野里不见耕种之马，大道上却战马奔驰不息，有的马还拖着大肚子艰难地尾追其后。目睹此景，老聃心如刀绞，内心想道："夫兵者，不祥之器也，非君子之器。不得已而用之，适可而止，恬淡为上。胜而不必自美，自美者乃乐杀人也。夫乐杀人者，不可以得志于天下矣！以道佐人主者，不以兵强天下。兵之所处，荆棘生焉；大兵之后，必有凶年。天下有道，却走马以粪；天下无道，则戎马生于郊。戎马生于郊，则国乱家破矣。"

老子要到秦国，再去西域，这就得经过函谷关。函谷关大概在今天的河南灵宝县，后来关口移到了今天的河南新安县。这里两山对峙，中间一条小路，因为路在山谷中，又深又险要，好像在函子里一样，所以取名为函谷关。

守函谷关的长官是尹喜，称关令尹喜或关尹。这一天他正站在城关上瞭望，只见关谷中有一团紫气从东方冉冉飘移过来，尹喜少时即好观天文，爱读古籍，修养深厚。他一看到这种气象，心里一惊，这是有圣人来了！只有圣人来才会有这样的云气，今天一定有圣人要经过我的城关了，不知是哪一位。

午后，太阳西斜，光华东射。关尹正欲下关查看，忽见关下稀落行人中有一老者，倒骑青牛而来，老者白发如雪，其眉垂鬓，其耳垂肩，其须垂膝，红颜素袍，简朴洁净。关尹知是老子前来，仰天而叹道："我生有幸，得见圣人！"三步并作两步，奔上前去，跪于青牛前拜道："关尹叩见圣人！"

老子见叩拜之人方脸、厚唇、浓眉、端鼻，威严而不冷酷，柔慈而无媚态，早知非一般常人，故意试探道："关令大人叩拜贫贱老翁，非常之礼也！老夫不敢承当，不知有何见教？"关尹道："老丈，圣人也！务求留宿关舍以指修行之途。"老子道："老夫有何神圣之处，受你如此厚爱？惭愧惭愧，羞煞老夫矣！"关尹道："关尹不才，好观天文略知变化。见紫气东来，知有圣人西行；见紫气浩荡，滚滚如龙，其长三万里，知来者至圣至尊，非通常之圣也；见紫气之首白云缭绕，知圣人白发，是老翁之状；见紫气之前有青牛星相牵，知圣人乘青牛而来也。"老子听罢，哈哈大笑："过奖、过奖！老夫亦早闻你大名，特来拜会。"关尹闻言大喜，叩头不迭。

随后，关尹引老子至官舍，请老子上座，焚香而行弟子之礼，恳求道："先生乃当今大圣人也！圣人者，不以一己之智窃为己有，必以天下人智为己任也。今汝将隐居而不仁，求教者必难寻矣！何不将汝之圣智著为书？关尹虽浅陋，愿代先生传于后世，流芳千古，造福万代。"关尹知道老子要远走高飞了，就一定要让这位当代最著名的思想家留下他的智慧来，于是缠着他，要他写一点著作，作为放他出关的条件。

老子本来是不太愿意的，但是不答应关尹，是不会放他过关的，他不给你护照签证啊！老子没办法，于是只得答应。另外，老子答应他还有一个原因。关尹"善内学星宿"，所以他能看天象，看星宿，看云气，看到一团紫气飘来便知是圣人来了。据说关尹自己也有著作，名《关令子》。为此老子也佩服这位"服精华，隐德行仁"的大智者，"亦知其奇怪"，所以有一种得遇知音的感觉，这就为他著书了，能为知音著述不亦乐乎？

那时老子沉思默想，将他的智慧一个字一个字地写在了简牍上，先写了上篇，又接着写了下篇，据说写了几天。写完共有五千来字，取名为《道德经》，上篇叫《道经》，下篇叫《德经》，又分成八十一章。于是一部"五千言"的惊天动地的伟大著作诞生了！

据说，关尹读到这部著作，深深地被吸引了。他对老子说："读了您的著作啊，我再也不想当这个边境官了，我要跟您一起出走。"老子莞尔一笑，同意了。

老子当年出关后，去到了印度，传说他在那里变化为佛陀，建立了佛教，并开始对印度人实行教化，这就是所谓的"老子化胡"。

敦煌藏经洞出土的S.1857、P.2004、2007等写卷的《老子化胡经》中，便详细叙述了老子自殷汤以来变化法身、在中国及西域各国说经教化的故事（图9、图10）。从历史的角度看，虽然"老子化胡"是道教为了证明佛道两教同源，强调佛教只是道教别支，借此提高道教地位而编造《老子化胡经》，但却客观反映了当时中西交通及其思想文化的交流。

老子出关的故事一直被人们津津乐道地传说着、演绎着，鲁迅先生也对此产生过兴趣，创作了故事新编《老子出关》。另外，老子出关中的"紫气东来"也成了中国文化中的一个基因，帝王之家将"紫气"当作吉祥、祥瑞。老百姓之家也把"紫气"当作吉祥的象征，于是把

▲ 图 9　敦煌文献 P.2007 老子化胡经

▼ 图 10　敦煌文献 P.2004 老子化胡经

"紫气东来"写在大门上，等等。

我国历史上有一种"樗蒲"的游戏，据说便是老子出关后发明的。据东汉马融《樗蒲赋》记载："伯阳入戎，以斯消忧。"说老子西出函谷关，在远离故乡的日子里，常以此游戏排遣惆怅。西晋张华《博物志》中亦云："老子入西戎，造樗蒲。"为此，有人猜测樗蒲原先流行在西域地区，大约自西汉时期随着中西交流而传入中原。由于来自西方，于是出现老子入西戎而制樗蒲的传说。

不管怎样，老子出关的故事不仅反映了当时中西文化的交流情况，同时对中国文化有着深远的影响。

出使西域，张骞身后的团队

张骞于公元前 138 年和公元前 119 年两次出使西域，当时出使西域的目的，原本是为了联络大月氏共击匈奴，虽未达到政治目的，但其对河西、西域及中亚等许多地方的考察，为汉王朝开辟通往西域、中亚的通道，提供了极为重要的信息，具有重要的意义。这一历史事件，史称"张骞凿空"。张骞作为一位伟大的先行者，为开拓丝绸之路，发展中西交通和中外文化交流建树了不朽的功勋（图 11）。

关于张骞出使西域的这段历史及其意义，几乎人人知晓。然而，"张骞凿空"的成功，我们不能也不应该完全记到他一个人身上。在他的身后，还有一大批人为此做出了各种努力甚至牺牲。

在这本功劳簿上，首先要记录的是汉武帝刘彻积极防边御敌的雄韬伟略。当时汉匈交恶，汉朝正在准备进行一场抗击匈奴的战争。一个偶然的机会，汉武帝从一匈奴俘虏口中了解到，西域有个大月氏国家，其王被匈奴单于杀死，还把他的头颅做成酒器。月氏人忍受不了匈奴的奴役，便迁徙到天山北麓的伊犁河流域。后又受乌孙国的攻击，再向西南迁到妫水（今阿姆河）流域。月氏王想报杀父之仇，但苦于无

图 11　莫高窟初唐第 323 窟北壁 张骞出使西域图

微信扫码
● 丝路起源
● 丝路兴盛
● 丝路重生

人相助。武帝了解这些情况后，便想联合大月氏，以"断匈右臂"。于是决定派使者出使大月氏，这时张骞才以郎官身份应募，肩负出使月氏任务。

其次要记录的还有跟随张骞第一次出使西域的一百多名随行人员。武帝建元三年（前138年），这一百多人跟随张骞，西行进入河西走廊，这一地区自月氏人西迁后，已完全为匈奴人所控制。正当张骞一行匆匆穿过河西走廊时，不幸碰上匈奴的骑兵队，被全部抓获。这些随从跟着张骞在匈奴一直留居了十年之久，这期间有的人因疾病等原因死去。直到元光六年（前129年），匈奴的监视渐渐有所松懈，其余的大多数人跟随张骞一道，趁匈奴人不备，逃出了匈奴王庭。这种逃亡是十分危险和艰难的。幸运的是，在匈奴的十年留居，他们详细了解了通往西域的道路，并学会了匈奴人的语言，穿上胡服，不易被匈奴人发现。他们较顺利地穿过了匈奴人的控制区，进入焉耆，再溯塔里木河西行，过库车、疏勒等地，翻越葱岭，直达大宛（今乌兹别克斯坦费尔干纳盆地）。后来又到了康居（今乌兹别克斯坦和塔吉克斯坦境内）、大夏的蓝氏城（阿富汗的汗瓦齐拉巴德）等地。而当从莎车经于阗（今和田）、鄯善（今若羌）进入羌人地区时，因羌人也已沦为匈奴的附庸，许多人与张骞一起再次被匈奴骑兵所俘，又扣留了一年多。直到元朔三年（前126年）初，张骞等人才设法逃回长安。路途中，许多随从或因饥渴，或因疾病倒毙于道旁，葬身黄沙、冰窟之中。最后，十三年前一同前往西域的一百多人，仅剩下张骞和堂邑父二人。可以设想，如果这十三年间没有这一百多名随从一路相伴，张骞能否活着回到长安，都是一个问题。

　　堂邑父，是特别值得一提的重要人物。可以说他对于张骞出使西域的成功，有着极其重要的作用。堂邑父，匈奴人，据说本名甘父；另说，姓堂邑，名甘父。又说，是战争中被俘虏的一名匈奴人，为堂邑县一贵族家奴仆，所以又称堂邑父。其射箭技艺精良，被释放后加入汉军。公元前138年，当张骞第一次出使西域时，这位匈奴人堂邑父便自愿充当张骞的向导和翻译。他不仅带领张骞一行人成功穿越河西走廊，而且在张骞一行人被匈奴军队抓获后的长达十多年间，也一直追随着张骞，并于元光六年（前129年），跟随张骞一道，趁匈奴人不备，逃出了匈奴王庭。这一次逃亡的途中极为艰苦危险。大戈壁滩上，飞沙走石，热浪滚滚；葱岭高如屋脊，冰雪皑皑，寒风刺骨。沿途人烟稀少，水源奇缺，加之匆匆出逃，物资准备又不足，张骞一行人，风餐露宿，备尝艰辛。当干粮吃尽了，就靠善射的堂邑父射杀禽兽聊以充饥。直到元朔三年（前126年）才回到长安，这时整个队伍仅剩下他和张骞二人。为表彰堂邑父协助张骞出使西域的汗马功劳，汉武帝封他为"奉使君"。作为一个匈奴人，长达十多年舍生忘死，跟随张骞、帮助张骞成功到达西域各国，并帮助张骞成功回到汉朝，实属不易。

　　还有一位被人们忽视的重要人物，就是张骞的匈奴妻子。据《史记·大宛列传》记载，张骞第一次出使西域被匈奴人抓获时，匈奴单于为软化、拉拢张骞，打消其出使月氏的念头，对他进行了种种威逼利诱，"留骞十余岁，与妻，有子，然骞持汉节不失"，即让张骞娶匈奴女子为妻，并生了孩子。本来，这位匈奴妻子有监视张骞的作用，可当张骞趁匈奴国家内乱逃回汉朝时，这位匈奴女子却豁出自己的身家性命，义无反顾，两次帮助张骞逃离匈奴，并与张骞一同归汉，即史书中所说的"骞与胡妻及堂邑父俱亡归汉"。现在许多介绍张骞第一次出使西域回国时只有张骞和堂邑父二人，实际上还有张骞的匈奴妻子也一同归汉。史书记载"骞行时百余人，去十三岁，唯二人得还"，意思是说十三年前一同出使西域的一百多人中，只剩下张骞和堂邑父二人。可以设想，如果这位匈奴女子不跟随并协助张骞归汉，恐怕张骞"凿空"也很难成功。

　　另外，元狩四年（前119年），汉武帝再任张骞为中郎将，率300多名随员，携带金币丝帛等财物数千巨万，牛羊万头，第二次出使西域。这次，张骞派遣的副使分别访问了中亚的大宛、康居、大月氏、大夏等国。因此，这次跟随张骞的300多名随员，特别是他的副使，应该说也为丝绸之路的进一步开拓立下了不朽功勋。

夜梦神人，汉明帝派人寻佛

　　永平三年（60 年），正值东汉明帝刘庄在位之时。一天晚上，他做了个梦，梦到一位神人，身高两丈，浑身笼罩金光，头顶有一光环，放射白光，绰约多姿，从空中飞临在宫殿的中央。明帝正要开口问，那金人又呼的一声腾起凌空，一直向西方飞去。明帝梦醒后，百思不得其解。次日早朝，明帝便向大臣们讲述梦中情形，询问大臣，他梦中所见为何方神人？有位大臣叫傅毅，见多识广，他回答说："听说西方天竺国有位得道之人，被人们称为佛，他能轻举飞身，陛下所梦即此神。"明帝闻言大喜，梦中神人果然有，如是，莫不是朕与佛有缘？遂传旨，命大臣蔡愔、秦景等 12 人前往天竺国寻访佛法。这是中国历史上第一次"西天取经"。

　　汉明帝君无戏言，蔡愔一行接旨便踏上西行之路。据载，这批人历经 36 国，终到大月氏（今中亚阿姆河流域）。有一天，过一街市，见有人群簇拥二僧人顶礼膜拜，二僧人气宇轩昂，身披袈裟，面善目慈，口念阿弥陀佛。一打听，僧人自天竺来，一人称摄摩腾，一人称竺法兰。蔡愔上前施礼说明来意，力邀二位高僧前往中国传教。高僧本就志在传教，四处漂泊，闻言正中下怀，焉有不去之理？当下收拾行装，以白马驮载佛经、佛像，随蔡愔一行而去。

永平十年（67年），二高僧随蔡愔一行抵达洛阳。汉明帝欣喜不已，亲自接待，嘘寒问暖，唯恐不周。先将二高僧安排在东汉负责外交事务的官署鸿胪寺住下，又请高僧在自己避暑读书的清凉台翻译佛经，还命宫中画工摹画释迦牟尼佛像，供奉宫中多处，并"犹依天竺旧状"，在洛阳城西雍门外三里御道之北修建僧院。僧院初名招提寺，后为纪念白马驮经之劳，改名白马寺。

永平十一年（68年），洛阳白马寺落成。初落成的白马寺规模不是很大，而且寺内没有塑像，只有临摹的佛像，和尚也仅有摄摩腾、竺法兰两位，因此，可以说当时的白马寺仍是接待西域高僧来中国传教译经的官府机构。尽管如此，白马寺在中国佛教界被公认为是佛教传入中国的第一座寺院，被誉为"释源""祖庭"。《洛阳伽蓝记》评道："金光流照，法轮东转，创自此矣。"

后来，这段史实被演绎成了汉武帝派遣张骞前往天竺求佛，因张骞第一次出使西域是公元前138年，这样便将佛教传入中国的时间提前了近200年。

其实，佛教究竟是西汉传入中国还是东汉传入中国并不是很重要，重要的是张骞于公元前138年和公元前119年确实出使西域，确实于那时起开通了丝绸之路，后来汉明帝也确实派人前往天竺寻迎高僧摄摩腾、竺法兰来中国，在洛阳建白马寺，开创中国佛教之始。并且，汉武帝元狩二年（前121年），骠骑将军霍去病讨伐匈奴过程中，也确实缴获过休屠王的祭天金人，不论这祭天金人是否是佛像，至少

也反映了西汉时人们对域外宗教和文化的关注。

张骞两次出使西域的目的，原本是为了联络大月氏共击匈奴，虽未达到政治目的，但其对河西、西域及中亚等许多地方的历史性访问，为汉王朝开辟通往西域、中亚的通道，提供了极为重要的信息，具有重要的意义。

霍去病于元狩二年（前 121 年）大破匈奴所获得的"祭天金人"，也被后来演绎成了佛教最初传入中国的始由。如莫高窟初唐第 323 窟北壁便据此描绘了汉武帝获匈奴祭天金人、派张骞出使西域的佛教史迹画，并在榜题中说："汉武帝将其部众讨匈奴，并获得二金（人）长丈余，列之甘泉宫。帝为大神，常行拜谒时。"（图 12）"前汉中宗既获金人，莫知名号，乃使博望侯张骞往西域大夏国问名号时。"

霍去病缴获休屠王的祭天金人和汉明帝夜梦金人遣人寻佛，实际上都反映了当时中西之间的宗教和文化交流。

图 12　莫高窟初唐第 323 窟北壁东侧　汉武帝礼拜金佛

具有传奇色彩的霍去病

西汉名将霍去病，汉武帝时期曾数次领兵征战河西，为打通西域道路奠定了坚实的基础，对于丝绸之路的拓展和巩固有非常重要的贡献。

霍去病，公元前 140 年出生于河东郡平阳县（今山西临汾西南），元狩六年（前 117 年）卒。这位年仅 24 岁（虚岁）的少年将军，一生虽然短暂，却充满了传奇色彩。

霍去病的家庭更具有传奇性。他的父亲霍仲孺是平阳县的一个小官吏，在平阳侯曹寿（汉武帝的姐夫）家当差时，与平阳公主府的女奴卫少儿私通。卫少儿生下霍去病后，霍仲孺不敢承认自己跟公主的女奴私通，于是霍去病只能以私生子的身份降生。

霍去病的取名也颇具传奇色彩。相传，霍去病出生后还未取名，母亲卫少儿就抱着他进宫去看望妹妹卫子夫。那几天，汉武帝正身患感冒，卧床静养。皇宫之内上上下下的人都怕惊动了圣上，说话悄悄的，走路轻轻的，一片肃静。卫少儿进宫后也受了这种气氛的感染，抱着孩子慢步缓行，生怕孩子哭起来惊了驾。不料这个孩子偏偏在宫内大哭起来，吓得卫少儿战战兢兢，挪不动脚步，站在那里等待圣上降罪于她。这时，正在床上静卧的武帝，猛然听到幼儿的啼哭声，惊出了一身冷汗，感冒顿时好了许多。他一高兴，忙问："那是何人的孩子？"卫少儿一听，魂飞魄散，连忙上前去请罪。武帝见是卫少儿，让她把孩子抱上前，武帝接过孩子后，看到这孩子长得很是招人喜爱，龙颜大悦。在他的戏逗下，孩子也喜笑颜开，武帝越发高兴。他问孩子叫什么名字？当听说孩子还没有取名时，就笑着跟卫少儿说："朕新近身体不适，这孩子大啼一声，惊得朕一身冷汗，病疾霍然而去。朕给孩儿赐名'去病'，你看如何？"卫少儿一听，心中千斤重石顿时落地，连连叩头谢恩。从此，卫少儿的孩子便叫霍去病。

　　至今，在陕西茂陵附近的民间，仍然流传着汉武帝为霍去病取名的故事，并在此立墓建庙，四时前来祭祀，香火不断（图13）。一来为

图 13　霍去病墓

图 14　霍去病墓墓顶的"去病石"

了纪念他卓著的战功，二来是希望他赐祥降福，禳灾"去病"。如今在茂陵附近霍去病墓的墓顶，还有一块石头被命名为"去病石"，据说在上面踩一踩，就可以祛除疾病（图14）。

霍去病于公元前117年去世，年仅24岁，其死亡原因也引起了众多猜疑，为此产生了多种说法，可谓扑朔迷离：

第一种说法：自然病死或猝死。病死之说最广为流传，也是官方的说法。此说最早出自西汉时的褚少孙，他在《建元以来侯者年表》中有一段补记，借霍光之口说霍去病是病死，但没记载是什么病，这就让后世的猜测更多样。霍去病年纪轻轻，武将出身，出征万里都没问题，何况一个小病。不过猝死的证据倒是有的——霍去病的儿子霍嬗也是年轻猝死，但这种可能性到底多大，谁也说不清楚。

第二种说法：得传染病或瘟疫而死。在漠北之战中，匈奴人将病死的牛羊等牲口埋在水源中以此诅咒汉军，因此水源区感染了瘟疫。霍去病在此处喝了带有病毒的水，而后病倒。然而，若匈奴确实传播了瘟疫，当时军中将士肯定也难以幸免，不说大面积传染，死的人肯定不在少数。但史书上无论是《霍去病列传》，还是《匈奴列传》，为何找不到大面积死亡的相关记载？而且，这类瘟疫潜伏期一般不会长，而霍去病是在漠北大战后两年才死去的。

另外，有人分析其他几种死亡的可能性：

一、汉武帝自己令人干掉霍去病，以防止卫、霍联盟。霍去病在漠北大战后一连串的动作（杀李敢、劝封王子等），让汉武帝觉得封大司马、借他平衡卫青势力的初衷很难实现，反而有可能让二人结为政治联盟，进而影响自己的绝对集权。二虎相争还好，若二虎同盟，最惨的就是武帝，于是武帝起了杀心。

二、卫氏集团势力下的毒。这种可能性非常小，因为当时霍、卫两家已经形同水火，长安城里的人都看得懂。卫氏集团不会做出毒杀、意外这类太明显的动作使大众怀疑。即使卫氏要动手，也是偷偷地，借力打力，干些隐蔽的动作。

三、死于自杀。霍去病少年得意，性格孤傲，不体恤士卒，朋友不多，是孤立一派——武帝亲手培植起来用以平衡权力的工具。战场上的霍去病杀起人来和汉武帝一样"不眨眼"，但官场上的霍去病则是"无助"的——没人给孤傲的他指点什么。霍去病死前，已身居高位，但无强势的亲人可依赖、官场无助无友，在军队和群臣中备受指责，皇帝面前被疑。他是名将，杀人如麻，他是当朝贵臣，他甚至敢射杀九卿高官，霍去病杀死李敢一事令他民心尽失，即使他位居大司马，但在群臣中间并不见得有人气，甚至个别群臣对他极为不满。虽然少年显贵，但是未必能有平常人的快乐，更没有人能帮他。因此，自杀对他来说，可能是个不错的出路。同时这对各种利益集团来说，也是个可以接受的事情。

不过，这种种说法都是一些猜测而已，霍去病的真正死因可能永远都是一个谜。

《璇玑图》传递思念之情

在陕西扶风、武功一带，有一个当地群众引以为荣、津津乐道的民间传说，那就是苏蕙巧织《璇玑图》的故事。

故事发生在南北朝时期，有一位年仅二十一岁的普通女子苏蕙，因思念被流放在边关的丈夫窦滔，用红、黄、蓝、紫、黑五彩丝线，将八百四十一个字织在八寸见方的丝帕上，倾吐自己的思念之情，"织锦回文以赠滔"。

据传，苏蕙，字若兰，武功人。若兰容貌秀丽，自幼聪颖过人，三岁学画，四岁作诗，五岁抚琴，九岁便学会了织锦，十岁刚过，即可描龙绣凤。远近乡邻将她的过人之处传为佳话，富豪子弟上门求婚均被谢绝。十六岁时，随父去法门寺进香，巧遇弯弓射鸟的翩翩少年窦滔（窦滔为扶风人），两人一见钟情，不久结为连理。婚后夫妻十分恩爱，相敬如宾，举案齐眉。不久，窦滔应征入伍。他在军中屡建战功，被封为秦州刺史。因窦滔痛恨互相残杀的战争，有次苻坚派他攻打晋国，他借故未从，苻坚大怒，将他革职并发配到边关流沙地带，据说即今天的甘肃敦煌一带。

　　窦滔走后，若兰日思夜念，每日写诗抒发情感。日复一日，年复一年，竟写了七千九百多首，可窦滔仍未归来。

　　这时，苻坚的弟弟、荒淫无耻的苻融，看中了若兰，便差人传话："窦滔已死边关，要纳若兰为妃。"若兰听后，悲痛交加，断然拒绝。她以剪掉自己满头乌发的行为，表达了宁为玉碎、不为瓦全的决心。

　　若兰为了表示自己对丈夫的忠贞和对苻融的反抗，便将自己平日写的思念丈夫的近八千首诗，用五色彩线以回文形式织在一块丝绢上，托人捎给远在边关的丈夫窦滔。

　　窦滔看到若兰织成的《璇玑图》后，感其绝妙，思其深情，遂乘机逃出重围，越过千山万水，回到了家乡。可是，太晚了，他心爱的妻子苏蕙已经在苻融的一再威逼下，自缢身亡。

　　窦滔苏蕙夫妇悲欢离合、曲折感人的爱情故事影响十分深远。直至今日，武功、扶风一带的农村还保留有姑娘出嫁时，要将自己亲手织出的花手帕馈赠亲友的习俗。这大概就是由苏蕙"璇玑图"演绎出来的，只不过花手帕上没有诗文而已。

　　苏蕙的"璇玑图"轰动了那个混乱的时代，大家争相传抄，试以句读，解析诗体，然而能懂的人寥若晨星。《读织锦回文》说，自唐代女皇武则天起，读者不下几十家，多不过读数百首。独宋、元年间的起宗道人，多年刻意探求，悟出了"因彩分图，因图分诗，读至三千七百五十二首"。明代的学者康万民，觉得起宗的读法似有未尽之意，乃于诸图中增一图，"读得四千二百零六首，合原读共七千九百五十八首"。将原图的字迹分为五色，用以区别三、五、七言诗体，后来传抄者都用墨书，无法分辨其体，给解读造成困难。康万民研究出了一套完整的阅读方法，分为正读、反读、起头读、逐步退一字读、倒数逐步退一字读、横读、斜读、四角读、中间辐射读、角读、相向读、相反读等十二种读法。每首诗语句节奏明快，对仗工整，韵律和谐。如诉如怨，情真意切。读之，伤感处催人泪下，愉快处使人破涕而笑，真可谓妙手天成。

苏蕙把这幅织锦命名为《璇玑图》。璇玑，原意是指天上的北斗星，之所以取名"璇玑"是指这幅图上的文字，排列像天上的星辰一样玄妙而有致，知之者可识，不知者望之茫然。当然，其中也暗寓她对丈夫的感情就像星星一样永恒不变。

据当地地方志等史料记载，在法门寺西北的法门镇，曾经建有一座照壁，中央是一块青石板，上刻一个纵横各 29 字合为 841 字的文字方阵。当地百姓为了纪念苏蕙，将位于法门寺塔西侧的巷子改名"织锦巷"。明神宗万历十八年（1590 年），当地人民为了纪念苏蕙创作织锦回文诗，在巷北城门上方镶嵌砖刻的"西望绫坑"四个大字和"苏氏安机处"五个小字，离城门十多米处还立了一座照壁，照壁上有砖刻"武镇秦国"四个大字和"安南将军遗址"六个小字。可惜这些遗迹未保存至今。当地人称作洗锦池的缭绫坑，在织锦巷北城门外西侧百余米处，据说是苏蕙织锦时洗锦的地方，后来变成了一块低凹的庄稼地。

与织锦台相关的遗迹是窦滔墓。窦滔墓位于扶风县城门外漆水河东岸周秦坡村南。这座墓后平整土地时被毁，清乾隆时陕西巡抚毕沅书写的"前秦安南将军窦滔墓"石碑也被埋于地下，只露碑头在地面。1983 年宝鸡市政府在原地修复了墓堆，并把石碑周围的土挖开，露出了碑身，同时在原石碑旁加立了书有"陕西省重点文物保护单位窦滔墓"的水泥碑。

高僧玄奘、义净与大小雁塔

　　西安市有两座地标性建筑，那就是大雁塔和小雁塔。这两处建筑不仅是著名的旅游胜地，也是古城西安的象征。

　　大雁塔位于西安城南的大慈恩寺内，建于唐高宗永徽三年（652年）。大慈恩寺是高僧玄奘专门从事译经和藏经之处。玄奘法师从天竺取回佛经，为保存和供奉从印度带回的佛像、舍利和梵文经典，拟于慈恩寺正门外造石塔一座，遂于唐永徽三年（652年）三月附图表上奏。唐高宗以工程浩大难以成就，又不愿法师辛劳为由，恩准朝廷资助在慈恩寺西院建五层砖塔。

　　最初建造的大雁塔仿西域窣堵坡形制，砖面土心，不可攀登，每层皆存舍利。玄奘法师亲自主持建塔，历时两年建成。因砖表土心，风雨侵蚀，五十余年后塔身逐渐塌损。武则天长安年间（701—704年），女皇武则天和王公贵族捐钱在原址上重新建造，新建为七层青砖塔（另一说，公元704年大雁塔改建成，塔增高至十层。公元931年，五代后唐时期对大雁塔进行改建，降至七层）。五代后唐长兴二年（931年）对大雁塔再次修葺。明朝万历三十二年（1604年），在维持了唐代塔体的基本造型基础上，在其外表砌上了 60 厘米厚的包层，使其造型比以前更宽大，即现今所见的大雁塔造型。

大雁塔现存塔身七层，通高 64.5 米，是现存最早、规模最大的唐代四方楼阁式砖塔，是印度佛寺的建筑形式随着佛教传入中原地区并融入汉文化的典型实证。大雁塔的塔体呈方形锥体，由仿木结构形成开间，由下而上按比例递减。塔内有木梯可攀登而上。每层的四面各有一个拱券门洞，可以凭栏远眺。整个建筑宏伟壮观，造型简洁稳重，比例协调适度，格调庄严古朴，是保存比较完好的楼阁式塔。在塔内可俯视西安城。(图 15)

图 15　大雁塔

唐代诗人岑参曾在诗中赞道："塔势如涌出，孤高耸天宫。登临出世界，磴道盘虚空。突兀压神州，峥嵘如鬼工。四角碍白日，七层摩苍穹。下窥指高鸟，俯听闻惊风。"大雁塔的恢宏气势由此可见。

大雁塔名称的出处，据说源于玄奘在印度所闻僧人埋雁造塔的传说。《大唐西域记》卷九载：相传很久以前，摩揭陀国（今印度比哈尔邦南部）一个寺院内的和尚信奉小乘佛教，吃三净食（即雁、鹿、犊肉）。一天，空中飞来一群雁，有位和尚见到群雁，信口说："今天大家都没有东西吃了，菩萨应该知道我们肚子饿呀！"话音未落，一只雁坠死在这位和尚面前，他惊喜交加，遍告寺内众僧，众僧都认为这是如来佛在教化他们。于是就在雁落之处以隆重的仪式葬雁建塔，并取名"雁塔"。

玄奘在印度游学时，曾见过这座雁塔。后来玄奘在慈恩寺建造佛塔时，便借鉴了印度雁塔的形式，因此西安建造的这座塔也叫"雁塔"。

小雁塔位于大雁塔西北方向的荐福寺内，距离大雁塔只有几里路。据说荐福寺原是唐太宗之女襄城公主的旧宅，睿宗文明元年（684年）皇室族戚为高宗荐福而建造寺院，初名献福寺，天授元年（690年）改名为荐福寺。

大慈恩寺与玄奘法师关系密切，而荐福寺则与唐代另一位高僧义净法师有关。公元671年，义净只身搭乘波斯商船由海路自广州离开中国，转抵印度，在佛学中心那烂陀寺留学11年。之后又游学印度各地，历经30余国，于周证圣元年（695年）回到祖国，带回梵文经典400余部。义净回到长安后，在荐福寺主持佛经译场，翻译佛经，是玄奘之后在佛经翻译上取得成就最大者。他还将途经诸国所闻和赴印度求法高僧的情况，撰写成《南海寄归内法传》《大唐西域求法高僧传》《梵唐千字文》等书籍，是研究中印文化交流史的珍贵资料。

小雁塔在唐、宋朝时期被称为"荐福寺塔"。后来，因塔形似雁塔并且小于大雁塔，故荐福寺塔又叫作"小雁塔"（图16）。

小雁塔是密檐式方形砖构建筑，初建时为15层，高约46米，塔基边长11米，塔身每层叠涩出檐，南北面各辟一门；塔身从下往上逐层内收，形成秀丽舒畅的外轮廓线；塔的门框用青石砌成，门楣上用线刻法雕刻出供养天人图和蔓草花纹的图案。塔的内部为空筒式结构，设有木构式的楼层，有木梯盘旋而上可达塔顶。明清两代因遭遇多次地震，塔身中裂，塔顶残毁，仅存13层，残高43.3米。由于小雁塔的造型秀丽美观，各地的砖石结构密檐塔大都仿效建造，在云南、四川等地区的唐、宋时期的密檐塔虽各具地方特色，但仍可以看出与小雁塔的继承关系。

在漫长历史岁月中，小雁塔还有一段"神合"的历史。公元1487年，陕西发生了6级大地震，把小雁塔中间从上到下震裂了一条1尺多宽的缝。然而时隔34年，在1521年又一次大地震中，裂缝在一夜之间又合拢了。人们百思不得其解，便把小雁塔的合拢叫"神合"。1555年9月，一位名叫王鹤的京官回乡途中夜宿小雁塔，听了目睹过这次"神合"的堪广和尚讲的这段奇事后，惊异万分，便把这段史料刻在小雁塔北门楣上。在小雁塔门楣刻石上记叙有："明成化末，长安地震，塔自顶至足，中裂尺许，明澈如窗牖，行人往往见之。正德末，地再震，塔一夕如故，若有神比合之者。"

1949年后修复小雁塔时，才发现不是"神合"，而是"人合"。古代工匠根据西安地质情况特地将塔基用夯土筑成一个半圆球体，受震后压力均匀分散，这样小雁塔就像"不倒翁"一样，虽历经数十次地震，仍矗立不倒，使游人对我国古代能工巧匠高超的建筑技艺叹服。

　　大雁塔和小雁塔都是中西文化交流、碰撞、融合的历史见证。

图 16　小雁塔

西域绘画艺术的东传与尉迟乙僧

　　隋唐时期，中原与西域的经济、文化交流都非常频繁。特别是随着佛教艺术的东传，有不少西域画家来到长安，其中对中原艺术影响最大的便是来自于阗国的尉迟乙僧。

　　尉迟乙僧，隋朝末年出生在西域于阗。尉迟乙僧原是于阗王族的一员，其王推荐他来长安，时年二十多岁。他生长在一个丹青世家，年轻时就有很高的绘画水平。据唐朱景玄《唐朝名画录》记载："尉迟乙僧者，吐火罗国人。贞观初其国王以丹青奇妙，荐之阙下。又云：其国尚有兄甲僧，未见其画踪也。乙僧今慈恩寺塔前功德，又凹凸花面中间千手眼大悲精妙之状，不可名焉。又光泽寺七宝台后面画降魔像，千怪万状，实奇踪也。凡画功德、人物、花鸟皆是外国之物像，非中华之威仪。前辈云：'尉迟僧，阎立本之比也。'景玄尝以阎画外国之人，未尽其妙；尉迟画中华之像，抑亦未闻。由是评之，所攻各异，其画故居神品也。"可见他的画功不凡。

　　尉迟乙僧到长安后，初为宿卫，后封郡公。由于在绘画与促进民族团结方面做出了卓越贡献，受到唐王朝的重视。长安的普贤堂是武则天的梳洗堂，而尉迟乙僧常在这里被召见，作画。唐代盛行一种屏风画，乙僧所做一扇其价"值金一万"，说明他在画师中的身价之高。

他创作过大量壁画，据记载，他曾在长安光宅寺的东菩萨院内画过《降魔变》等经变壁画，在慈恩寺塔下南门画过以《千钵文殊》为题材的壁画，也在罔极寺（兴唐寺）、安国寺等处画过壁画。唐中宗神龙元年（705年）五月将尉氏住宅敕建为奉恩寺，他把于阗的亲族画像供养在这个寺内。另外他还在洛阳大云寺画了菩萨、净土经变、鹰犬等题材的壁画。

尉迟乙僧的画作形式多样，如肖像、民间风俗、神话、宗教故事，以及花鸟等。他多次画过的《西方净土变》的壁画，以阿弥陀佛为中心，七宝莲池周围绘有数百人，交织着花树禽鸟。画面中婀娜多姿的舞蹈，正是在长安、于阗、高昌等地随处可见的景象。当时从西域传入长安的舞蹈很多，如胡旋舞、胡腾舞等。他画中人物的形象都是以西域人为模特儿塑造的，即朱景玄《唐朝名画录》里所说的"凡画功德、人物、花鸟皆是外国之物象"。

他的画幅构图雄伟、匠意极险，具有新奇的魅力。他画的《降魔变》，是一段生动的佛教故事，描写释迦牟尼得道前与魔王波旬作斗争的场面，情节十分复杂。《唐朝名画录》中说他画的《降魔变》"千怪万状，实奇踪也"，这里说的"千怪万状"，不仅包括有魔鬼、刀、剑、怪兽和魔女在内的完整场面，还有奇特纵阔的图景。他的画运用变形夸张的手法，使人物各具情态，具有强烈的感染力。段成式的《寺塔记》评价说："尉迟画，颇有奇处。四壁画像及脱皮白骨，匠意极险。又变形三魔女，身若出壁。"虽然尉迟乙僧本人所画的《降魔变》今已

图 17　莫高窟北魏第 254 窟南壁　降魔变

不存，但从敦煌莫高窟北魏第 254 窟中的《降魔变》也可以感受到尉迟乙僧的西域绘画风格（图 17—图 19）。另外，华盛顿弗利尔美术馆藏有一幅据传是尉迟乙僧的《天王图》（图 20），画面中描绘了天王座前乐舞表演的场景，在两位乐师的伴奏下，一个裸露着胳膊的舞女正在一小圆毯上翩翩起舞，画面充满了浓郁的西域情调。

　　汤垕在《画鉴》里分析其特点："雨色沉着，堆起绢素，而不隐指。"是说看上去凸出的画面，但用手一摸却是平的，与印度的线描和晕染合一的壁画风格是不同的。他的线形具有中原传统，"笔迹洒落，有似中华"。

　　张彦远《历代名画记》说得更为具体："小则用笔紧劲，如屈铁盘丝，大则洒落有气概。"看来，尉迟乙僧，既发挥了本民族的艺术特色，

图 一八 莫高窟北魏第 254 窟南壁 降魔变中的三美女

图 一九 莫高窟北魏第 254 窟南壁 降魔变中的三丑妇

图 20　华盛顿弗利尔美术馆藏 传尉迟乙僧《天王图》(局部)

又不拘泥于本民族的画法，做到转益多师，具有创造精神。

　　尉迟乙僧的父亲尉迟跋质那，早年在隋朝做官，也以善画而闻名。张彦远《历代名画记》记载："尉迟跋质那，西国人，善画外国及佛像，当时擅名，今谓之大尉迟。"而尉迟乙僧当时人称"小尉迟"。另外，据朱景玄《唐朝名画录》记载，尉迟乙僧之兄尉迟甲僧亦善画。

　　由此可见，于阗国的尉迟家族父子三人均为西域绘画艺术的东传做出了重大贡献。

没有头颅的六十一蕃臣像

　　唐高宗时，唐朝建国仅三十余年，但已经同七十多个国家和地区建立了友好关系。高宗逝世后，举国哀悼，据说，当时有六十一个国家和地区派出特使或者由首领亲自前来参加安葬仪式。葬礼之后，武则天令工匠用写实的手法，雕刻了参加高宗葬礼的外国使节和少数民族首领像，立于朱雀门两侧，东侧二十九尊，西侧三十二尊，按照队列形式整齐排列。雕像和真人身高相仿，装束却各不相同：有袍服束腰的，有翻领紧袖的，有披发左衽的，但全部双足并立，两手前拱，整齐恭敬地排列于陵前（图21、图22）。

　　因为这些人来自唐朝的蕃国，所以人们习惯上把这些石像称之为"蕃像""六十一蕃臣像"，为彰显和平友好，又称他们为"王宾像"或"宾王像"。

　　遗憾的是，现在看到的这些雕像都没有头颅，只剩躯体。仔细观察，就会发现这些人脖子上的头有被砸掉的痕迹。

　　关于这些头部损坏的原因众说不一。有的说鸦片战争后，八国联军侵华时，看见唐乾陵前立有外国使臣，感到有辱洋人的脸面，所以

图 21、图 22　失去头颅的六十一蕃臣像（部分）

把石人的头部砍掉，让人无法辨认。但据历史学家考证，八国联军侵华时根本没有到达此处。因此，这种说法纯属民间传说，不能成立。

也有的说明朝时期当地流行瘟疫，病死百姓不计其数。百姓认为瘟疫来源可能是这些石人在作祟，所以将石像都砸掉了头。

还有一种说法是，这些石像的头部是被明朝的百姓砍掉的。据说，明末有个外国使节到乾陵游玩，发现自己的祖先竟然被立在这里给唐朝的皇帝守陵，觉得既有损国威，也有辱于人格。他自尊心受到了很大的伤害，便想把这些石像给毁了，但是他又怕引起当地民众的不满，于是想到了一个妙计。他每天晚上到乾陵附近的庄稼地里糟蹋庄稼，第二天就煽风点火的和百姓说这都是那些石像干的事，说他们在晚上便成精了，开始糟蹋庄稼。要想保护好庄稼和粮食就必须把这些石像消灭掉。当地群众认为这个外国使者说得非常有道理，于是一气之下便把这些石像的脑袋给砍掉了。

特别令人关注的是，这些石像初建时，每个石像背部都刻有姓名、职衔、族属，以及属国等文字，表明他们是来自不同民族、不同国家的"蕃臣"。这些文字经过一千多年的风吹日晒雨淋，大都消失不清了，只有倒伏在地的几身雕像受风雨冲刷不多，有三身雕像的刻字仍然完好，分别刻着"木俱罕国王斯陀勒""吐火罗王子持羯达健""于阗国尉迟璥"。另有几身只有个别刻字可认。从这几身雕像的刻铭可以看出，当时唐王朝与周边各国及国内各少数民族之间的睦邻关系。据考，木俱罕位于现在的伊朗境内，吐火罗在今天阿富汗北部，于阗国位于我国新疆和田地区。

这六十一尊"王宾像"，他们是"王"，是外国或少数民族地区的首领，同时他们又是"宾"，是大唐王朝亲密的朋友。如果将王宾们所在国家、地区的名称标在地图上，我们会大吃一惊：从东北亚一直到西亚，从太平洋一直到波斯湾，从南亚次大陆一直到西伯利亚，占据了大半个亚洲！他们跋山涉水、不远万里来到长安，走的正是连通欧亚大陆的"丝绸之路"！现在我们看到的是六十一尊冰冷而且残缺不全的石像，但当初他们代表的却是有血有肉的鲜活生命。

不过，也有人认为他们不是参加唐高宗葬礼的外国首领或客使，

图 23　章怀太子墓墓道东壁　礼宾图

而是已经归顺唐朝任各种官职的原少数民族酋长像，真正的客使及侨居长安的外宾不过五六人，其余全是唐王朝属下的各族官员，或在京师的诸属国国王、王子，是受命兼任唐边疆地区的地方行政长官。他们是唐朝统治阶级的一部分，说明了唐王朝统治阶级具有多民族的特点，以及唐王朝疆域的广大。

但不管怎样，这些雕像都反映了唐王朝时期丝绸之路上的繁荣景象，是当时中西政治、文化、经济交流的历史见证。

乾陵周围的陪葬墓中的一些壁画，如章怀太子墓的墓道东西两侧壁面上描绘的《礼宾图》（图23），两幅壁画内容均是唐鸿胪寺官员引领异域宾客等待太子李贤接见时的场景。画面上的六位异域宾客中，东壁依次是东罗马帝国人、高丽人、东北少数民族；西壁依次是高昌人、吐蕃人、大食国人。墓道东壁的壁画中，三个唐朝文职官员，头戴笼冠，身穿红袍，束腰带，脚穿高头皂履，形象饱满，神态严肃，这三位是鸿胪寺官员。图中一位人物头顶光秃，深目高鼻，留有胡须，身穿紫袍，腰束带，脚穿长筒黑靴，其形象和服饰似来自欧洲的使节，这是东罗马帝国人。一位头戴双羽尖状冠帽者，羽毛向上直立，两边有带子束于颌下，身穿大红领袖长白袍，下着大口裤，腰束白带，脚穿黄靴，身体肥胖，这是来自高丽的使者。后面还有一人头戴护耳皮帽，身穿圆领黄袍服，腰束黑带，外披灰色大氅，可能是来自东北少数民族的使节，他们的神态都流露出对强大繁荣唐朝的敬慕之情。这个画面，生动形象地反映了当时唐王朝与世界各国，以及国内其他少数民族友好交流的情况。

马嵬驿与杨贵妃的传说

　　马嵬驿，即马嵬坡，在陕西省兴平市西，东距西安市60公里左右。据兴平县志记载，马嵬这个名称是西汉时驻扎在这一带的一位军官的姓名。由于他带领的军队纪律严明，为百姓做了许多好事，百姓为感激他的恩德，便把这里叫作马嵬。唐代，马嵬成为政府开设的千百个驿站之一，是通往西域、巴蜀的必经之路。

　　驿站，是古时专供传递文书者或来往官吏中途住宿、补给、换马的处所。马嵬驿这个普通的驿站之所以能名闻遐迩，是与唐玄宗李隆基的宠妃杨玉环在这里缢死分不开的。

　　唐王朝第五代皇帝玄宗先天元年（712年）即皇位后，铲除韦后之党，励精图治，为发展唐王朝的政治、经济、文化做出了贡献，把我国封建社会推向鼎盛时期，迎来了"开元盛世"。但自天宝以来，他倦勤怠政，沉迷酒色，重用奸佞，荒淫奢侈，致使唐朝由盛转衰，最后酿成"安史之乱"。

　　杨贵妃是"安史之乱"次年天宝十五载（756年）自缢于马嵬的。天宝十四载（755年）十一月，安禄山在范阳起兵叛乱。第二年六月攻破潼关，直逼长安。玄宗惊慌失措，带着杨贵妃和贵妃的兄姊，在禁军护卫下仓皇西逃。当他们走到离长安一百多里的马嵬时，饥饿疲困的将士对造成当前混乱局势的玄宗、杨国忠等非常愤慨，不再前进，包围了玄宗等人居住的马嵬驿，要求杀掉人人痛恨的奸相杨国忠。恰好这时杨国忠走出驿站，吐蕃国使者二十余人挡住他的马，要求给他们分发食物，士兵们乘机大喊："杨国忠与胡虏谋反！"并用箭射他。杨国忠逃入西门时，被追上来的军士杀掉，将尸体砍成肉泥。军士们还杀了杨国忠的儿子和韩国夫人、秦国夫人等。

杀掉杨国忠等人后，将士仍不离去。玄宗无奈，只好拄着拐棍走出驿站慰劳军队，命令大家归队，可兵士们不听，继续围着驿站不走。玄宗让高力士问大家原因，禁军将军陈玄礼说："国忠谋反，贵妃不宜再侍奉皇上，希望陛下割爱正法。"玄宗说："我会处理此事的。"说完回到驿站，呆立不决。京兆司录韦锷说："现在众怒难犯，安危在顷刻之间，望皇上速决。"玄宗说："贵妃在深宫，怎么会知道杨国忠的造反阴谋？"高力士说："贵妃是没有罪的，但贵妃是杨国忠妹妹，常在皇上身边，将士们怎能放心，望皇上考虑。只有将士放心了，皇上你才能安全。"玄宗无奈，遂将贵妃叫出赐死。高力士送罗巾给贵妃，她随在佛堂前梨树上自缢而死，时年三十八岁。

杨贵妃死后，就地掩埋，马嵬坡成了杨贵妃的墓地。历代的文人墨客、武将文官途经这里，常常在墓前滞留，抒发情怀。当地百姓中也有许多关于杨贵妃的传说。

传说之一：杨贵妃自缢马嵬后，尸体惨遭蹂躏，百姓目不忍睹，挖了个坑用黄土掩埋起来。到唐玄宗从成都返回长安后密令中官迁葬时，已无法辨认杨贵妃墓坑，中官遂到民间去探询。在百姓中，他听到了这样一件事，说贵妃自缢时，遗下了一只靴子和袜子，马嵬驿的一个驿卒捡到后，带回家给母亲保存。这靴子和袜子奇香扑鼻，几里外都能闻到，四村八舍的百姓闻到香味后，纷纷前来观瞻。驿卒的母亲非常精明，向每个参观的人收两枚铜钱，尽管收费，但是争看贵妃靴袜的人仍然很多，驿卒的母亲因此发了财。中官听到这个消息，就以高价买下贵妃的靴子和袜子，郑重其事地埋在现在的贵妃墓这个地方，然后回京交差复命。所以人们说杨贵妃墓是个"衣冠冢"。

传说之二：杨贵妃长得标致白皙，在世时曾"伸手笑雪黑"，死后，精气仍然不散，竟使马嵬坡一带的土变白了。当地百姓称白土为贵妃粉，说用贵妃粉洗面，能使皮肤洁白。所以古时当地妇女争着到墓上去取贵妃粉，这样一来，墓冢就变得越来越小了。为使贵妃墓长久保存下来，人们用青砖将墓冢包砌起来，加以保护，这就是贵妃墓是砖包的，别的墓冢是用土堆的缘故。《西安府志》上这样记载："贵妃粉出自马嵬坡上，土白如粉块，妇女面有黑痣者，以粉洗之即除。"看来这一传说流传很广，以致地方志都有记载。

传说之三：玄宗从成都返回长安后，本想将贵妃遗体迁出隆重改葬，但他当了皇帝的儿子肃宗不同意。这位太上皇无奈只好密令宦官偷偷移葬。贵妃初葬时，裹的紫褥，这次移葬时挖开一看，尸体已经腐烂，只有胸前佩戴的丝织香囊完好无损。主持移葬的宦官高力士取了香囊，同时向马嵬的钱老太太买下了贵妃留下的袜子，将这两件遗物献给玄宗。玄宗睹物思人，悲伤不已。诗人张祜的七绝《太真香囊子》咏叹了此事："蹙金妃子小花囊，销耗胸前结旧香。谁为君王重解得，一生遗恨系心肠。"

现存杨贵妃墓位于陕西咸阳市兴平市马嵬镇西 500 米处一半坡上的小陵园，大门顶额横书"唐杨氏贵妃之墓"，园内正面一座三间的仿古式献殿，过献殿即墓冢。墓呈半球形，冢高 3 米，整座墓冢都用青砖包砌。

法门寺地宫的奇珍异宝

1987 年 4 月 3 日，法门寺佛塔施工现场，人们意外地发现了一个洞口。传说洞里是一个地宫密室，而地宫里，据说有佛祖释迦牟尼的真身舍利。

浮土之下，考古人员无意间发现了一块白玉石板。清掉石板上覆盖的浮土，一尊雄狮浮雕显露出来。当考古队员推开白玉石板旁的碎石板时，一个洞口出现在人们眼前。那个狭小的洞口里一片幽暗，传说中神秘的佛骨舍利会不会被埋藏在洞里？

人们要设法先找到地宫入口。果然，考古队员们在前方大殿后发现了一个漫步踏道，它应该是通往地宫的出入口。

1987 年 4 月 9 日，考古队员小心翼翼推开地宫第一道门，一股霉气扑面而来。门内是一段幽暗隧道，墙壁为黑色大理石拼贴。因为年代久远，石壁呈现出一种特有的斑驳。在石壁东侧，考古队员发现石壁上刻有文字，字由白色颜料书写，纵向排成几列。这些字是谁写上去的？又是什么意思？

石壁上的文字一时无从索解，只能留待日后仔细研究。就在队员失望时，在隧道尽头，两块石碑进入他们的视线，石碑为黑色大理石材质，碑文在手电光下依然清晰可辨，两块石碑共计刻有约 900 字。专家发现一个是记事碑，一个是物账碑。从文字内容分析，石碑是唐代最后一次迎送佛骨时留下的。

　　而这浩大活动的主角——神圣的佛祖真身舍利，会不会出现在地宫里呢？在两块石碑被移开后，又一道门赫然出现在人们眼前。石门左右两边的门扇上，各雕刻一尊精美的菩萨像。进门后，地面上是一堆又一堆码叠整齐的丝织品。尽管历经漫长岁月，但这些丝织品依然精美光鲜。

　　前室尽头，一座汉白玉石塔静静屹立在一角。这座后来被称为阿育王塔的汉白玉石塔，大约有 80 厘米高，四面有精美的彩绘浮雕，塔盖、塔刹、塔身、塔座均保存完好（图 24）。在这座阿育王塔里面藏有一个铜精舍，人们在里面发现了一枚舍利，但那是一枚玉制仿制品。

　　没想到，在阿育王塔后面发现了另外一道石门，门后必然还有密室。这道门的门扇上雕刻着天王力士彩绘浮雕。采用如此造型，是否暗示了门后的世界将非同寻常？第三道门打开后，呈现的是法门寺地宫的中室。中室是一个方形空间，中央放了一个白

图 24　汉白玉浮雕绘彩阿育王塔

玉灵帐，上面的雕刻非常精细。这个灵帐里会不会藏有人们迫切期待的谜底呢？

几天后的集中清理，人们果然在灵帐中发现了一枚舍利，但那也是一枚玉制仿制品。因为有发掘阿育王塔的经验，在汉白玉灵帐后面，果然又是一道石门，这道门上没有锁。门内是地宫的后室，后室的情景令人震惊，里面竟然摆满文物。

考古队连夜清理后室。一件件稀世珍宝被人们小心翼翼传递着。就在清理工作即将结束时，意想不到的情况发生了。工作人员发现，后室的土层好像被动过，挖开土，一个密龛显露出来，密龛里藏着一个包裹，里面又是一个铁函。为什么唯独这个包裹被埋在土里？谁都不会想到，那个沉甸甸的宝函里套着一重又一重的宝函，直到第七重，里面是镶满珍珠的金质宝函，宝函里是一座宝珠顶小金塔。第八重是个纯金塔，打开后，金座子上有个像手指一样的银柱子，上面还有白花花的东西。这第三枚舍利，后来考证是一位高僧的舍利。

之后，人们的注意力再次转到密龛里发现的铁函上。为了万无一失，考古专家们对其进行了X光透视。扫描的结果确定铁函内有异物。打开了铁函，首先映入眼帘的是一大一小两颗水晶珠，下面是一个被丝绸包裹的镏金函。镏金函里有个檀香木函，檀香木函里还有个水晶椁子，水晶椁子里还有一个玉棺。

揭开了玉棺棺盖，玉棺里面又是一枚舍利。据考证，这是一枚真正的佛骨舍利。历经波折，佛教界至高无上的圣物、世上仅存唯一的佛祖真身指骨舍利，终于现身（图25）。

舍利地宫发掘期间，共发现了四枚舍利。其中两枚为白玉所制，

另一枚为一高僧的舍利，这三枚
都属于"影骨"，和"灵骨"放置
在一起是为了保护后者。"灵骨"
色黄而有似骨质的颗粒分泌物，
这一枚就是真身佛骨舍利。法门
寺也随着真身舍利的出土而成为
佛教圣地。

图25　佛指舍利

　　法门寺地宫中还出土了大
量稀世珍宝，如唐皇室供奉的金
银器就多达120多件（组），具
有很高的考古价值。这些金银器
多是为皇帝迎送佛骨的活动而专门制造的礼器，做工极为考究。其中
有一套精美的金银茶具，是我国目前所知时间最早、组合最完整、等
级最高的成套茶具，也是世界上发现时代最早、等级最高的宫廷茶具。
这套茶具有茶笼、茶碾、茶罗子、茶炉、茶匙、茶盆、茶碗、茶托、调料
盛器等（图26），包括了从茶叶的贮存、烘烤、
碾磨、罗筛、烹煮到饮用等全部过程所用
器具。这是一套供奉佛寺之物，从地宫

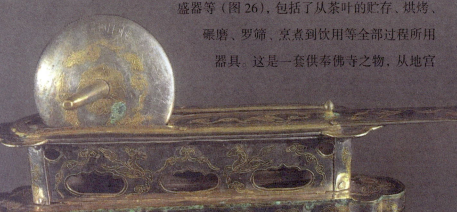

图26　茶碾子和锅轴

"宝物账碑文"中可知是僖宗皇帝"新恩赐"的。

　　法门寺地宫中出土的珍宝中，还有大量来自古罗马等地的盘、碟、碗等琉璃器（图27），十多件唐皇室秘色瓷器珍品（图28）。上千件唐代丝织工艺的丝（金）织物，其中包括唐朝皇帝、皇后的服饰、绣裙等均是稀世珍宝，这些奇珍异宝数量之多、品类之繁、等级之高、保存之完好是极为罕见的。另外还出土了不少佛经和佛像。

图 27　贴花盘口琉璃瓶

图 28　葵口圈足秘色瓷碗

从秦直道走向草原的王昭君

秦朝建立之初，强大的匈奴人经常侵扰秦国的北疆河套一带，于是，秦始皇决定让蒙恬率大军修长城、筑直道以抵挡匈奴的入侵。这条秦直道，南起京都咸阳军事要地云阳林光宫（今陕西省淳化县凉武帝村），北至九原郡（今内蒙古自治区包头市西南孟家湾村），长达700多公里，路面最宽处约60米，最窄亦有20米，它在历史上占有重要地位。

秦直道的开通，是一项历史性的浩大工程，是人类历史上第一条山区"高速公路"，对巩固秦朝北疆有其重要战略意义。秦朝可以通过这条大道将军用辎重源源不断地运往边防，同时，也加快了塞外和中原地区的商贸往来和民族融合进程。

秦直道除了有千军万马走过，有英雄走过，还有美人的故事，最著名的就是昭君出塞。汉元帝时王昭君被送入宫，竟宁元年（前33年）匈奴呼韩邪单于入朝求亲，昭君自愿请行，远嫁匈奴。王昭君随呼韩邪单于从长安出发，经直道北行。至今直道沿途还流传有许多关于王昭君的美丽传说。

在今甘肃省庆阳地区的打扮梁，流传着一个关于王昭君从秦直道走向草原的故事。

秦直道，在庆阳境内就是沿子午岭山脊为走向的，其遗迹尚存，在庆阳市境内长达 291 公里。

打扮梁是子午岭上的小地名，在今庆阳市华池县乔河乡境内，是秦直道上一个古驿站。相传汉代昭君王嫱出塞远嫁匈奴单于呼韩邪时，走的就是秦直道。在路途中经过打扮梁这个地方时，曾有小驻。当时这里是西汉和匈奴控制的边界线，王昭君越过此地便意味着离开了故土。因此，王昭君在此曾梳洗打扮，面南拜别故土父老。于是，便留下了"打扮梁"这个富有纪念意义的历史地名。现在，这里除了一个残垣断壁的城墙遗址和一座烽火台外，再也看不到当年驿站的任何遗迹，但昭君梳洗打扮的历史一幕却永远定格在这里了。

当人们今天登上打扮梁，探寻历史的足迹，都禁不住心头涌起一股思古之幽情：当年坐在马背上的王昭君，在穿越莽莽林海时，对亲人是怎样的眷恋？离别故土又是怎样的忧伤？"闺阁堪垂世，明妃冠汉宫；一身归朔漠，数代靖兵戎。"昭君远嫁，换来了国家的安宁与民族的和睦。这也许就是庆阳人常常念叨打扮梁的真正原因。

在子午岭那蜿蜒的山脊上，至今还可以依稀看到有一条沿主峰走向的车马大道遗迹，一些路段还被今人所沿用。正宁县境内的雕翎关段有明显的大道遗迹隐没在林海之中，大道两侧还有不少秦砖汉瓦残片的堆积物。

昭君到了塞外草原，亲手教匈奴妇女纺纱织布，缝衣绣花，播种百谷；她也学穿胡服，学吃胡餐，学说胡语，学唱胡歌，对于促进民族文化之间的交流，自然会产生潜移默化的影响。

昭君出塞那年是公元前33年，由于昭君出塞在汉匈关系史上具有重大意义，汉元帝下令改元为竟宁元年。汉元帝的诏书说："呼韩邪单于不忘恩德，向慕礼义，复修朝贺之礼，愿保塞传之无穷，边陲长无兵革之事。其改元为竟宁。"应劭对"竟宁"的含义做了解释："呼韩邪单于愿保塞，边竟（境）得以安宁，故以冠元也。"

呼韩邪单于得到昭君，上书汉朝，表示"愿保塞上谷以西至敦煌，传之无穷，请罢边备塞吏卒，以休天子人民。"又号王昭君为"宁胡阏氏"。颜师古对"宁胡"做了这样的注释："言胡得之，国以安宁也。"

在秦直道上的包头市麻池一带，1954年考古学家们在发掘的汉墓中，就发现了篆字刻写的"单于和亲""千秋万岁""长乐未央"等文字的陶片、瓦当残片，说明昭君出塞在当时汉朝和匈奴都是一件影响深远的事情，受到高度重视。由此也可以看到和亲政策对于当时政局的和平具有多么重要的意义。从昭君出塞的竟宁元年开始到王莽篡汉建新的四十年时间里，虽然由于王莽民族政策的失误曾导致了汉匈关系的紧张，但是，双方始终未曾发生大战，而且使臣往来仍络绎不绝，这与王昭君的后裔和亲属的积极努力是分不开的。昭君出塞不仅为汉匈友好做出了贡献，而且她所播下的汉匈友好的种子已生根发芽，开花结果。

两千多年前的汉代，就有与王昭君同时期的诗人焦延寿写诗赞成和亲，颂扬昭君，诗曰："长城既立，四夷宾服，交和结好，昭君是福。"

王昭君及其他诸多和亲公主开辟的和亲之路，是一条和平发展之路，一条经济往来之路，一条民族团结融合之路。

智勇双全的丝路卫士傅介子

在西汉与西域交往的过程中，不但有张骞这样雄才大略的外交家，而且也有一些艺高胆大、敢于以生命为赌注的冒险家，傅介子就是他们中间的佼佼者。

傅介子（？—前65），西汉北地义渠（今甘肃庆阳西南）人。少时从军，初为骏马监，平乐厩监，后以斩楼兰王之功封"义阳侯"。他是继张骞之后，又一个为"通西域，辟丝路"做出重大贡献的人。

丝绸之路并不是张骞一个人开辟出来的，也不是一直畅通无阻的。汉宣帝神爵二年（前60年），西汉政府设置了西域都护府，进行军事、政治管理，保护商旅往来，丝绸之路才得以长期发展。

从张骞开通西域到西域都护府的设置，这期间在丝绸之路上，西汉政府曾对西域进行过几次战争，以及一次政治谋杀——傅介子刺杀楼兰王。这是因为当时的西域仍在匈奴控制之下，楼兰、龟兹国听命于匈奴，经常在丝绸之路上劫杀汉朝使者和过往商人，特别是楼兰，由于地处丝绸之路南北咽喉之地，其图财害命行为尤甚。为此，元封三年（前108年），汉武帝命令赵破奴率轻骑七百余，向阻碍汉通西域的车师（在今吐鲁番）、楼兰（在罗布泊南部）发动进攻，虏楼兰王，遂破车师，使之归附汉朝。几年后，汉武帝又派李广利率兵数万远征大宛（今费尔干纳盆地），经过四年战争，征服了大宛。自此，丝绸之路上各国使者和商人往返不绝。为了便利交通，西汉政府从敦煌到罗布泊之间沿途设驿站，又在轮台、渠犁（今库尔勒）等处屯田，屯田士卒最多时达60万人。从玉门关和阳关以西，建立起一线大小不等的兵站，维护丝绸之路的通畅与安全。

到了征和元年（前92年），楼兰国王死，匈奴抢先扶植安归为楼兰王。从此以后，楼兰远汉而亲匈，与汉朝为敌，先后虏杀汉朝派往西域的使者多人，又杀害大宛、安息等国派到汉朝来的使者，使汉朝与西域的交往因此断绝。不久，龟兹国贵族又虏杀汉朝派驻轮台的屯田校尉赖丹。丝绸之路的安全受到极大的威胁，为此，元凤三年（前78年），傅介子上书朝廷，自愿出使大宛。

傅介子访问西域诸国，与诸国结好。在楼兰和龟兹国，傅介子晓之以理，分析利弊，最终说服了两位国王，使他们认罪归服。之后他又去大宛，再到龟兹，龟兹国向他报告：匈奴使者从乌孙归来，就在龟兹。一个月黑风高之夜，傅介子率兵诛杀了正在龟兹的匈奴使者，得胜而归，汉朝任命他为中郎，升为平乐监。

但好景不长，傅介子一离去，楼兰又背汉亲匈，愈演愈烈，矛盾日益激化，促使傅介子提出刺杀楼兰王以改变楼兰政局的计划。他再次请求出使西域，获得掌握朝廷军政大权的大将军霍光的批准后，于元凤四年（前77年）率领少数勇士，携带大量金帛财物，从长安出发前往西域。

傅介子再次到达楼兰，声称代表汉朝前来赏赐，楼兰王安归态度十分冷淡，傅介子佯装离开，到楼兰的西部边界后，他扬言："汉朝使者带来黄金锦绣赏赐西域诸国，既然楼兰王不要，我只好将这些财物赏赐给其他国家了。"楼兰王经不住诱惑，急忙赶来向傅介子赔礼，傅介子宽慰了楼兰王，并与他同坐饮酒。酒兴正浓时，傅介子将带来的珍宝财物展示给他，楼兰王看得眼花缭乱，完全放松了对傅介子的警惕。待楼兰王酒醉时，傅介子对他说："国王陛下，我此次奉大汉天子之命有话单独对你讲。"于是，楼兰王屏退左右，这时，傅介子一声令下，幕帐后早已埋伏的两名壮士冲出，手起刀落，楼兰王安归当场毙命。稳定楼兰局势后，傅介子手提安归头颅回到长安，悬首北阙，以昭示汉朝通西域的决心。

随后，汉昭帝将楼兰改为鄯善，并把安归的弟弟、亲近汉朝并留在长安当人质的尉屠耆立为鄯善王。同时，根据鄯善王的请求，派军士在伊循屯田。丝绸之路南道西行的第一个交通站——鄯善，自此得到西汉政府的保护，同汉朝始终保持着友好的关系。

傅介子征服楼兰，不仅对当时及后来的政治、经济、军事、文化等具有重大意义，而且他这种临危不惧、不辱使命的胆略和勇气，在历史上产生了深远的影响。东汉时"丝绸之路"再次受阻，明帝曾多次派遣将士远征，然而屡不见功。当时有位名叫班超的青年拍案直呼："大丈夫当如傅介子、张骞立功西域，以取封侯，安可以事笔砚乎？"遂投笔从戎，后来成为有名的抗匈大将。

　　为缅怀始祖功德，宁县良平乡傅氏家族曾在明朝万历年间（1573—1620 年）修建了傅介子祠，清乾隆八年（1743 年）重修，光绪二十年（1894 年）再次重修。后因诸多历史原因及风雨侵蚀，傅氏祠堂破损严重，于 2005 年重新修建了傅介子祠。

情寄泾川回山王母宫

　　自周穆王西巡开拓西域之路起，有关西王母的传说便与丝绸之路相伴而行。甘肃省泾川县的回山，相传这里是西王母的降生地、发祥地和祖庙所在之处。

　　回山，又叫回中山，位于泾川县西侧 0.5 公里处（图 29）。传说当年周穆王西巡途中，曾在这座山上与西王母相会。回山的西南麓有一浅沟，沟口颇为开阔，沟底有泉，聚水成池。池大约丈二见方，池边有亭，绿树四合，人称"瑶池"。传说当年西王母宴请穆天子就是在这池畔。穆天子告别西王母，恋恋不舍，三步一反顾，五步一回头，凝望此山之中，故名为"回中"。后人为纪念西王母，又在山上修造了重重亭台楼阁，俨然一座宫殿，因此此山又叫"王母宫山"，简称"宫山"。

　　据《尔雅》《酉阳杂俎》记载，西王母姓杨，名回，乃远古时华夏民族西部的一个氏族首领。在《穆天子传》中，西王母是天帝的女儿，是戴着图腾面具统治部落的女首领。《汉武帝内传》中对西王母的容貌描述为："视之年可三十许，修短得中，天姿掩蔼，容颜绝世，真灵人也。"这里将西王母描画成了一位女神、美神。而《山海经》中说：

"西王母，其状如人，豹尾虎齿而兽啸，蓬发戴胜，司天之厉及五残。"说西王母样子像人，长着豹子的尾巴，老虎的牙齿，叫声很高，披着头发，戴着头饰，主管着自然灾害及各种刑罚，是一位让人非常敬畏的神灵。

关于回中山，《古今图书集成》"平凉府古迹考"记载："回中山，在州西三里，脉自昆仑来，上有王母宫，下临泾水，一名王母宫山。周穆王、汉武帝尝至此。"

在中国古代历史上，回中山闻名天下，与回中古道有着密切关系，是汉唐"丝绸之路"上的一座名山。回中宫是秦汉帝王的行宫，在今天的什么地方呢？汉代学者应劭说："回中在安定高平，有险阻，萧

图29　泾川回山（王母宫）

关在其北，通治至长安也。"由此可见，汉代回中宫就在今泾川县回中山。由于回中宫位于回中道上，秦汉封建统治者对此十分关注，多次巡幸，亦是自然。

回山王母宫处在古西行要道上，东距古都长安 200 多公里，为历代拜谒西王母的圣地。始建于西汉元封年间（前 110—前 105），距今有 2100 多年的历史，后经历代多次增修，至明世宗嘉靖元年（1522年），王母宫成为一组庞大的建筑群，正中是西王母大殿，后有三清楼，前有玉帝殿；左旁依次有文昌殿、无量殿、三皇殿、周穆王庙、北望河楼、五阎君殿；右旁依次是子孙宫、五帝殿、汉武帝庙、南望河楼、五阎君殿。殿宇之间，松柏参天，奇花争艳，景色秀美。张延福《泾州志》记载回中山："上为王母宫、文昌阁、三清楼，松柏各大数围，高数十仞，其气森挺。"可惜在清同治年间发生的一次战争中，这些建筑被焚毁殆尽。宫址断垣残碑瓦砾遍地，唯一遗有宋代开宝元年（968年）《重修回山王母宫颂》巨碑完好，珍存于山下，此碑为宋代翰林学士陶谷奉天子之命撰文，记述中国有西王母及周穆王、汉武帝会西王母之事于此。书法家上官佖用篆体书写碑文，具有很高的艺术价值，碑今存泾川县博物馆。

唐代著名诗人李商隐，也曾在泾川写过好几首诗。唐文宗开成三年（838 年），李商隐参加博学宏词考试，不料受到朋党势力令狐绹的排斥而落选。令狐绹的父亲令狐楚，是李商隐的岳父王茂元的政敌，当时王茂元任泾源节度使，治所在泾州。对于朋党势力的倾轧，李商隐深恶痛绝，一气之下离开长安，来到岳父处做幕僚。他的满腹牢骚，在《安定城楼》一诗中（泾川在汉代为安定郡，唐代改称泾州），表现

得颇为充分,诗曰:"迢递高城百尺楼,绿杨枝外尽汀洲。贾生年少虚垂涕,王粲春来更远游。永忆江湖归白发,欲回天地入扁舟。不知腐鼠成滋味,猜意鹓雏竟未休。"这首诗将令狐绹之辈斥之为嗜食腐鼠的鸱鸟的同时,也歌颂了泾川大地的自然美景。

图 30　王母宫石窟外观

图 31　王母宫石窟中心塔柱 佛传故事(局部)

　　李商隐还在《瑶池》一诗中，咏叹西王母和周穆王当年的相会："瑶池阿母绮窗开，黄竹歌声动地哀。八骏日行三万里，穆王何事不重来。"将自己的政治与人生情感，留寄在这泾川回山瑶池之中。

　　回山脚下还保存有一个开凿于北魏，后经隋、唐、宋、明等朝代重修的佛教石窟（图30）。该石窟依山开凿，平面呈"回"字形，窟外有三层楼窟檐。洞窟高11米，宽12.6米，深13米，中心塔柱四面和窟内三壁分三层雕有大小造像200余尊，雕刻的内容有佛传故事等（图31）。这座石窟又称大佛洞，亦称千佛洞，因在王母宫山脚下，所以又称为王母宫石窟，是"丝绸之路"上的重要佛教石窟之一。

微信扫码
◆ 丝路起源
◆ 丝路兴盛
◆ 丝路重生

地方官吏、皇亲与佛教石窟营建

　　泾川位于丝绸之路交通要道，伴随着东来西去的交流出现了大量佛教石窟，为此这一带有"百里石窟长廊"之称。仅仅在泾川县附近，就有王母宫石窟、南石窟寺（图32、图33）、罗汉洞石窟（图34）、丈八寺石窟（图35）等，其规模宏大，令人惊叹，而且其开窟造像的缘由、技术、风格等都反映了当时东西方文化的频繁交流。

　　王母宫石窟虽然没有留下开窟纪年和功德主姓名，但其造像风格

图 32　南石窟寺外景　　　　　　图 33　南石窟寺 1 号窟正壁造像

图 34　罗汉洞石窟外景

图 35　丈八寺石窟外景

与云冈北魏第 6 窟近似，并且比近邻的南、北石窟要早，故一般推论大约创建于北魏太和末或景明初，即公元 500 年前后。另外罗汉洞、丈八寺等石窟，从造像风格看也创建于北魏时期。

　　而南石窟寺的创建，据《南石窟寺之碑》记载："大魏永平三年岁在庚寅四月壬寅十四日乙卯使持节都督泾州诸军事平西将□（军）□□泾□（二）州刺史安武县开国男奚康生造。"可知南石窟寺为北魏永平三年（510年）由泾州刺史奚康生创建。泾州刺史奚康生不仅出巨资开凿了泾川南石窟寺，而且还开凿了庆阳北石窟寺。

始建南、北石窟寺的奚康生（467—521年），《魏书》《北史》有传，先祖为鲜卑族代北酋豪，本姓达奚，后改为奚氏，随同北魏孝文帝迁都定居洛阳，所以史书说他是河南洛阳人。说他"性骁勇，有武艺，弓力十石，矢异常箭，为当时所服"，历孝文、宣武、孝明三朝，为北魏王朝屡立战功，曾先后出任南青州、华州、泾州、相州刺史，官至光禄卿、右卫将军、抚军大将军、河南尹等，后因谋废灵太后的斗争，于正光二年（521年）被杀，死时五十四岁。

《魏书》卷七三《奚康生传》还提到奚康生营造寺庙的情况，"康生久为将。及临州尹，多所杀戮，而乃信向佛道，数舍其居宅以立寺塔，凡历四州皆有建置"，并曾"于南山立浮屠三层"。

关于奚康生出任泾州刺史的原因，据《魏书》卷八《世宗纪》记载，永平二年（509年）正月"泾州沙门刘慧汪聚众反，诏华州刺史奚康生讨之"。奚康生在永平二年正月至永平四年十一月，任泾州刺史，在短短的三年里他平定了刘慧汪起义，并开凿了南、北石窟寺，通过"多所杀戮，而乃信向佛道"之说，可以得知奚康生主要是为自己寻找解脱而开凿这两所石窟寺。

又据《南石窟寺之碑》记载，奚康生修建南石窟寺时，动员了当时全泾州的人力和财力。碑阴题名施主五十八人，都是泾州的头面人物，有平西将军府隶下的各级官吏，有泾州所属安定内史，平凉、新平、赵平、陇东等郡的郡太守、郡丞，还有曹吏、参军、主簿、从事，以

图 36　罗汉洞石窟第 10 窟内景一角

及泾州所属安定、临泾、石堂、朝那、乌氏、白土、三水、爰得、高平、泾阳等十五县的县令，几乎所有的地方官吏都参与了石窟的营建。

另外，泾州与北魏皇室的关系也促进了泾州地区佛教石窟的发展。如宣武帝的灵太后胡充华就是泾州临泾人，她是孝明帝的生母，临朝执政多年。灵太后信仰佛教，曾耗费巨资在洛阳建造佛塔，"亲建刹于九级之基，僧尼士女赴者数万人"。她还派宋云、惠生去西域求法。灵太后的生父胡国珍为光禄大夫，封安定郡公，后迁司徒公，"参咨大务"。其人，"年虽笃老，而雅敬佛法，时事斋戒，自强礼拜"。灵太后之母皇甫氏，其家族在泾州拥有极大的势力。泾州的胡氏、皇甫氏在当时都是大姓，在一定程度上把持着地方吏治。建造石窟在当时被视为是一件十分荣耀的事，泾州石窟如此稠密，与这些皇亲的支持和地方官吏的积极参与是密不可分的。

　　泾川的佛教石窟早在1923年就引起人们注意，当时由美国哈佛大学福格艺术博物馆派遣的中国考察团对其进行了第一次考察。1925年考察团又对泾川王母宫石窟、罗汉洞石窟、南石窟寺进行了第二次考察。美国学者认为，这三处石窟"靠近通往中国西部和土耳其斯坦的主要干线"，"所以，石窟寺院的维修和保护很大程度是依赖当时东来西往朝拜者的施舍"，"罗汉洞在当时曾是一处很有名气的佛教活动中心。即使现在尽管沿这条公路从泾州到罗汉洞需要几个小时，但僧侣接踵而来的盛况和悬崖下面建造的若干居室都暗示出，它仍然是邻近地区的重要礼拜场所"。

　　泾川这些石窟的艺术风格也呈现了东西交流的特色，王母宫石窟的造像风格与云冈北魏第6窟近似，罗汉洞第10窟是一个规模较大的中心佛坛式窟，坛基四角有方形石柱直达窟顶（图36），其洞窟形制与陕西富县石泓寺石窟第2窟非常相似，与子长县钟山石窟第3窟也有共同之处，由此可看到泾川石窟与陕西石窟之间的关系，同时也反映了当时丝绸之路的频繁交流情况。

黄帝问道广成子

　　从泾川县城往西约 80 公里处，便是著名的道教名山——崆峒山。崆峒山的传说非常多，其中最著名的是五千年前黄帝问道广成子的故事（图 37）。

　　关于广成子，一说广成子是太上老君的化身；二说"道"的化身，

图 37　黄帝问道处

曾三次降于人间，分别为黄帝时期的广成子、西周时期的老子、东汉时期的张道陵。

黄帝是中华民族的祖先，姓公孙，也有人说他姓姬，名轩辕。他聪明异常，长大以后被推举为部族首领。他教大家盖草房，驯养家畜，种植五谷，并创制了船和车。

据《史记·五帝本纪》记载，黄帝做了天子之后，为寻求治国安邦之道，曾"东至于海，登丸山，及岱宗。西至于空桐，登鸡头"。《庄子·在宥》中也记载："黄帝立为天子十九年，令行天下，闻广成子在于崆峒山之上，故往见之。"

听说广成子住在崆峒山，黄帝闻而造访，问道："我知道您聪明贤达，通晓一切，上知天文下知地理，可否教给我'道'的精髓是什么？我想用日月精华去帮助五谷成熟，让天下的老百姓能够吃饱饭，我还想用阴阳交替变化的道理去管理天下的百姓，您认为我这样做能行得通吗？"广成子听后说："自从你治理天下以来，看到的是事物的根本，了解到的是事物的本相，没有等到天空中的云气凝结就想着下雨，没有等到五谷成熟你就急于收割，老百姓埋怨，那些知识浅薄、只顾钻营的人围绕在你身边，怎么让我和你谈道说法呢？"

黄帝听后感觉似乎碰了钉子，于是他下山在崆峒山现在的问道宫修建一个茅草屋，隐居于此，斋戒了长达三个月，去体会广成子说的那些话。然后再见广成子，又问道："我知道您懂得最高深的'道'，可否教给我自身怎么治理才能长久生存呢？"广成子告诉他："'道'的精髓不易把握，犹如昏默，少看少听，保持清醒的头脑，做事不至于慌乱，这样就可以长久生存了。"

　　后来，广成子便授黄帝《自然经》一书，并向黄帝阐述了道教"无为而治"，即万事万物都要遵循自然发展的规律，人与自然的融合，以及人与自然界平衡发展的法则，让他明白了治国必先修其身的道理，总结起来，便是治国之道、养身之道、为人之道所蕴含的精髓。

　　黄帝悟性高，回国后焦心劳累，忧国忧民，选贤任能，励精图治。在一批能人的帮助下，造宫室、舟船、弓箭，创天文、历法、书契等。后来在阪泉战胜炎帝，在涿鹿擒杀蚩尤，统一了天下。

　　另外，也有黄帝来崆峒山向广成子问医之说。据晋代葛洪《抱朴子·登涉》记载："昔圆丘多大蛇，又生好药，黄帝将登焉，广成子教之佩雄黄，而众蛇皆去也。"有学者认为当时黄帝部族发生了大瘟疫，听说广成子医道高明，黄帝便前去讨教治疗瘟疫的办法，希望拯救部族的人民。这一说法也不无道理，在远古时期，广成子其人可能既是巫师也是医生，黄帝也确实曾学医治病，据《帝王本纪》载："黄帝使岐山伯尝味草木，典医疗疾。"

　　不管怎样，黄帝到崆峒山问道可能确有其事，所以司马迁在《史记·五帝本纪》中记载黄帝曾"西至于空桐，登鸡头"。司马迁治学严谨，曾于汉武帝元鼎五年（前112年）亲自登临崆峒山。他在"太史公曰"中说："余尝西至空桐，北过涿鹿，东渐于海，南浮江淮矣。"这说明，他的记载是在博采众长和实际考察的基础上谨慎撰写的，应当是可信的。

　　黄帝问道广成子的故事在秦汉时期广为流传，使崆峒山声名远扬，前来登临祭拜的人络绎不绝，促进了这一带与周边的交通发展和经济文化交流。

秦始皇西巡登临崆峒山

　　七雄争霸，秦灭六国，华夏一统。公元前 221 年，秦王嬴政结束了五百多年封建诸侯割据的局面，建立了一个以咸阳为首都，幅员辽阔的统一国家。

　　为了巩固统一成果，秦始皇下令废除分封制，在全国初设 36 郡，郡下设县，郡县主要官吏由他亲自任免。平凉属地各县当时属北地郡管辖，这里是秦王朝的西北边疆地区。为便于国都与边疆的联系，以咸阳为中心，一条条宽广的"驰道"通向四方。"道广五十步，三丈而树，厚筑其外，隐以金椎，树以青松"。驰道中央三丈是皇帝专用之路。秦始皇在位期间，出巡多次，目的在"以示强，威服海内"，并宣示统一四海的功德。

　　据《史记·秦始皇本纪》记载，秦始皇二十七年（前 220 年），即统一全国的第二年，秦始皇开始巡视边疆。"二十七年，始皇巡陇西、北地、出鸡头山，过回中焉。"他从甘泉宫（今淳化县）出发，沿着刚刚修成的"回中"驰道，先到北地郡的治所义渠（今宁县），然后沿泾河川西行，由鸡头道至陇西。故司马迁说"出鸡头山"，鸡头山就是崆峒山，鸡头道就是由崆峒山前峡至今庄浪县通边的道路，它是黄帝"西至空桐，登鸡头"古道的向西延伸。秦汉时期，崆峒山是中西要道——鸡头道的必经之地，东连关中，西接陇右，地理位置十分重要，许多历史名人和封建帝王都曾经过鸡头道，登临崆峒山（图38）。

秦始皇第一次出巡，选择陇西、北地二郡，一是向匈奴展示秦的国威，二是荣归故里陇西。秦始皇对这次出巡非常重视，因为他统一了天下，当上至高无上的始皇帝，也算是给祖宗争了光。文武百官及武士三千多人，组成一个浩浩荡荡的庞大车马队，威风壮观，好一个皇家气派。秦始皇所乘之车，六马挽驾，豪华舒适。现在兵马俑博物馆展出的铜车马，据说就是秦始皇出巡所乘车的仿制品。作为始皇帝，除了万岁、万万岁外，还想他的江山千秋万代。第一次出巡告慰祖先后，秦始皇也没有忘记以黄帝为榜样，登上崆峒山希望能沾点仙气。

当时崆峒山没有车道，大臣们劝秦始皇不要上山，以免龙体劳累。但秦始皇执意下车，在臣子们的护驾下费了九牛二虎之力终于上了山。当时，关于广成子居此山石室内悟道成仙、黄帝问道广成子的故事早已闻名于世，秦始皇素闻其名。亲临其境，于是掸尘净身，奉献供品，焚香诵辞，躬揖叩拜广成子和黄帝。秦始皇祭祀完毕，信步于山林溪径之间、悬崖深涧之处，只见群峰突兀，绿荫蔽日，碧水前绕，雄奇秀美；该山雄居关陇之锁钥，险扼东西之咽喉，不禁一声赞叹："西来第一山！"随驾出巡的丞相李斯，当即奉命篆书了这五个大字并勒石为记。可惜至今未见到篆字勒石的踪迹，只好当作是一个传说罢了。不过，"西来第一山"的美誉屡见于古今的文章辞赋，屡闻于街谈巷议、耄耋老者之口，被广为传诵。

　　秦始皇西巡登崆峒，除了给崆峒山留下了"西来第一山"的美称，他还将山下的石头寨赐名撒宝寨（今崆峒镇寨子村）。据《古今图书集成·职方典·平凉府古记考》记载："撒宝寨，在崆峒山下，相传秦始皇慕广成子，游幸至此。"

微信扫码
● 丝路起源
● 丝路兴盛
● 丝路重生

图38　崆峒山

汉武帝六巡安定郡

　　汉武帝刘彻，以其雄才大略巩固了秦始皇创立的统一事业和专制主义中央集权制度。他统治的半个多世纪（前 140—前 87 年），是西汉王朝的鼎盛时期，也是封建制度下中华民族的一个蓬勃发展时期。

　　元鼎三年（前 114 年），汉武帝设置安定郡，治所在高平县（今宁夏固原县），领临泾（今镇原县东南）、安武（今镇原县西南）、彭阳（今镇原县东）、抚夷（今镇原县北）、参峦（今环县西北）、祖厉（今靖远县和靖乡的河包口）、鹑阴（今靖远县水泉乡陡城堡东）、阴密（今灵台县西南）、泾阳（今平凉市西北）、乌氏（今平凉市西北）、爰得（今泾川县东）、安定（今泾川县北）12 县。

　　安定郡是京师之西北门户，是前往河西四郡（敦煌、酒泉、张掖、武威）的必经之地，固原这座边关重镇在西汉王朝政治军事中具有非常重要的地位。为此，从公元前 112 年—前 88 年仅二十多年，汉武帝曾先后六次到安定郡巡视。

　　元鼎五年（前 112 年）十月（十月为岁首），也就是安定郡设置后的第三年，为加强管理和防务，45 岁的汉武帝首次出巡西北，阵势极大，仅随从"数万骑"。他们登临崆峒山后，北出萧关，在视察新设立的安定郡后，又北上进入宁夏的河套地区巡视边塞，当时称为"新秦中"（指今宁夏中部、东部及陕西省定边、甘肃省环县）。由于匈奴远遁，边塞官员防务松懈，千里不筑巡边亭障（是古代防守用的堡垒要塞），汉武帝勃然大怒，下令诛杀不忠于职守的北地郡（治马岭，在今甘肃省庆阳县西北）太守及其下属官员多人为戒。这次诛杀，朝野震动，各郡太守纷纷整治道路，修缮原有宫殿。驰道沿线各县纷纷准备宫中需用食物，增添用具等，等待皇帝的到来，也都重视了辖区的防务。

图 39　固原须弥山附近的石门关

元封四年（前 107 年），汉武帝下令修通了长安通向安定郡的回中道（由今西安市通往固原的道路），从此，丝绸之路东段北道基本上没有超出这一路线。这一年，汉武帝加强了中央军力，成立了御林军，出巡更加威风。在冬十月，汉武帝第二次率群臣过回中道，北出萧关，巡行边防。在安定郡，汉武帝下令免除高平县（今固原）、朝那县（今彭阳古城）当年的租赋，以示皇恩浩荡。后至今山西而归。这次巡视的重要意义在于修通回中道以北出萧关，说明安定郡的战略意义为丝绸之路的咽喉所在。(图 39)

除文武大臣随驾外，太史令司马迁也作为随从官员参加了这两次巡视。

三年后，太初元年（前 104 年）秋八月初第三次巡行安定郡。时年 52 岁的汉武帝寻神访仙，渴望长生不老思想迫切，派人东至海上，遍访入海者及方士打听神仙下落，没有结果。汉武帝又继续遣人到海上，期求遇到神仙。接着进行了封禅大典，祭祀后土。再临渤海蓬莱祭祀，渴望神仙居住之境出现。回到长安，决定建章宫，设千门万户。铸造高三十丈铜柱，大七围，铜柱上设"承露仙人掌"擎托露盘，汉武帝用它收集甘露，并和以玉屑饮用，以为就可以长生不死。又挖掘一个人工湖，称为

图 40　汉代四神博局纹铜镜　固原河川乡出土　固原博物馆藏

图 41　北周李贤墓出土　波斯鎏金银壶
固原博物馆藏

"泰液池"，池中造蓬莱、方丈、瀛洲、壶梁诸岛，状如海中神山。汉武帝求仙不遇，将自己置于人工的仙境中。这一次，汉武帝很有可能是为了长生不死才到崆峒山寻仙的。（图 40）

太始四年（前 93 年）冬十二月，64 岁的汉武帝第 4 次巡行安定郡，这次距第 3 次到安定相隔 12 年。

三年后，征和三年（前 90 年）春，汉武帝第五次来安定郡，并在安定郡接见月氏国使臣，接受贡品。其中有"大如雀卵，黑如桑椹的香料四两；形如小狗，大似狸而色黄的猛兽一头"。可见，固原在西汉时就已成为中西经济文化交流通道上的一个重要城镇。（图 41）

后元元年（前 88 年）正月，汉武帝第六次到安定郡，68 岁高龄的汉武帝先到甘泉祭祀泰一神后，千里迢迢专程到安定郡，这是汉武帝一生中最后一次出巡。次年，汉武帝病逝。

在汉武帝二十多年的出巡史中，平均三年多就来一次安定郡。汉武帝如此重视安定郡，六次到固原巡视，对于经略固原具有十分重要的战略意义：一是萧关是关中北面之大门，护卫着中原地区的安危，是战略要地，又是战国秦长城所在地，是匈奴南下进入关中的咽喉要道，是汉都长安的西北边防最重要的军事屏障；二是安定郡是汉朝通往河西走廊丝绸之路的重要交通要道及关隘，对于当时的中西经济和文化交流，无疑有着十分重要的意义；三是六盘山地区及清水河一线，气候湿润，水草丰美，是宜农宜牧最佳地带，既是天然粮仓，又是畜养军马的最佳游牧地带。

因此，汉武帝六巡安定郡，在当时甚至在后来的很长时间内，都具有非常重要的战略意义。

开拓进取的成纪人

上古时期的成纪，究竟在何处？众说纷纭，或曰在今天的静宁，或曰在今天的天水。虽然有关争论很多，但有两点却是人们一致肯定的，一是上古的成纪在今天的北至静宁、南至天水这一地域范围内；二是自古以来，成纪地区人才辈出，且具有非常强的开拓进取精神。

首先是中华民族的人文始祖伏羲。伏羲，又写作宓戏、宓羲、包牺、庖牺、伏戏、牺皇、皇羲等。《帝王世纪》云："伏羲生于成纪，汉置县。"《秦安志》云："自疱牺开辟已为成纪地。"《元和郡县图志》云："成纪县，本汉旧县，属天水。伏羲氏母曰华胥，履大人迹，生伏羲于成纪，即此丘也。"

伏羲是勇于开拓创新的人，《易·系辞》记载："古者包牺氏之王天下也，仰则观象于天，俯则观法于地。观鸟兽之文，与地之宜，近取诸身，远取诸物，于是始作八卦，以通神明之德，以类万物之情。做结绳而为网罟，以佃以渔，盖取诸离。包牺氏没，神农氏作，……神农氏没，黄帝尧舜氏作，通其变，使民不倦，神而化之，使民宜之。"

伏羲教人们织网捕鱼，使人类原始的狩猎状态进入到初级的畜牧业生产。他确定了婚嫁制度，创造了历法，发明了乐器，教会人们制作和食用熟食，结束了人类身披树叶，茹毛饮血的野性状态。最重要的是，伏羲始创了中国古代文化的神秘符号——八卦。

众所周知的飞将军李广，也是成纪人。《史记·李将军列传》记载："李将军广者，陇西成纪人也。其先曰李信，秦时为将，逐得燕太子丹者也。故槐里，徙成纪。"

汉文帝十四年（前166年）李广从军击匈奴因功为中郎。景帝时，先后任北部边域七郡太守。武帝即位，召为中央宫卫尉。元光六年（前129年），任骁骑将军，领万余骑出雁门（今山西右玉南）击匈奴，因众寡悬殊负伤被俘。匈奴兵将其置卧于两马间，李广佯死，于途中趁隙跃起，奔马返回。后任右北平郡（治平刚县，今内蒙古宁城西南）太守。匈奴畏服，称之为飞将军，数年不敢来犯。元狩四年，漠北之战中，李广任前将军，因迷失道路，未能参战，愤愧自杀。

关于李广，有很多传奇故事，其中最著名的是射虎入石的故事。李广一次出门打猎，远远望见草丛中一只老虎，一箭射去，箭头全钻了进去，走近一看，才知是块大石头。李广每到一处，只要听说当地有老虎，都要亲自去射猎。在右北平时，一次去射猎，一只老虎猛扑过来，李广虽被抓伤，但最终也射杀了它。

李广为人公正廉洁，爱士卒如兄弟。每得赏赐，都分给部下，吃喝都和士兵一起。他位居俸禄两千石的高官四十余年，家里却没有余产。他口齿迟钝，很少说话，但能用自己的行动来影响部下。他带兵行军，缺水断粮之际，"见水，士兵不尽饮，广不近水；士兵不尽食，广不尝食。宽缓不苟"，所以士兵都愿意随他出生入死。

著名的隶书摩崖石刻《西狭颂》中所记载的东汉武都郡太守李翕，是东汉汉阳郡阿阳县（今甘肃静宁）人，实际上也属于成纪的地域范围。

《西狭颂》摩崖石刻位于甘肃省成县县城西13公里处的天井山鱼窍峡中，碑文全称《汉武都太守汉阳阿阳李翕西狭颂》，主要记载了东汉武都郡太守李翕率众开天井道的历史政绩。李翕少年时在皇宫中值宿警卫，20岁时执掌"典城"，他"天资明敏，敦诗说礼"。后来，到渑池担任县令，主持修建了当时有名的险路崤山之道，为渑池通往关中打通了道路。东汉建宁三年（170年），李翕出任武都郡太守。到任以后，他了解到本郡西峡道是通往梁州、益州（今四川）的重要通道，但这里地势险绝，行走十分不便。为了打通这条险道，李翕与府丞功曹李昊等人商议修筑这条道路。命令属官仇审修治东坂，李瑾修治西坂。道路修成后，人们作颂刻石，颂其德政，镌刻了摩崖石碑《西狭颂》。建宁四年（171），李翕又主持修建了在今陕西略阳县的"析里桥郙阁"，人们又写了《郙阁颂》，赞誉此举。

李翕勤政爱民，每到一个地方，政绩卓著，万民称颂，无论是修建崤山险道，还是建西峡阁和郙阁道路，既是施工难度极大的工程，又是利益民众的好事，因此赢得了百姓赞誉。

西凉王李暠，也是陇西成纪人。李暠家族世代都是豪门大族，李暠少年时十分好学，性情沉静聪慧，宽厚谦和，气度优雅，通读经史，特别擅长文辞。李暠年长后，精通武艺，研读《孙子兵法》。

隆安元年（397年），段业自称凉州牧，以李暠为效谷县令，后升为敦煌太守。隆安四年（400年），李暠自称大将军、护羌校尉、秦凉二州牧、凉公，改元庚子，建立西凉政权，以敦煌为都城，疆域广及西域。义熙元年（405 年），改元建初，遣使奉表东晋，并迁都酒泉。

李暠建国后，以"诸事草创，仓帑未盈，故息兵按甲，务农养士"为指导思想，在政治上努力做到知人善任，积极纳谏，执法宽简，赏罚有信。

李暠重视儒学，珍惜人才，知人善任，积极振兴文化教育。在他统治的西凉境内，当时好多文人名流都投靠于他，一时群英齐集敦煌，形成了以敦煌为中心"五凉文化"的兴盛时期。特别是当时中原战乱频起，中原难民大批来到西凉，这对河西一带的经济、文化的发展，以及丝绸之路的繁荣，都起到很大的促进作用。

唐朝皇室和诗人李白都称李暠为其先祖，天宝二年（743 年），唐玄宗还追尊李暠为兴圣皇帝。

据说位于现静宁县境内的成纪古城，是中国第一大姓李氏的发祥地。成纪李氏的苗裔在历史上出现的有：皇帝 25 人、宰相 29 人、大将军 52 人、王公侯 510 多人，有较大影响的文学家、诗人、画家、音乐家 20 多位，太守、刺史、知府类官员，进士、举人等人才不胜枚举。据考，成纪李氏苗裔被正史立传者有 600 多人。

马跑泉和晒经寺

马跑泉位于天水市麦积区南约三公里楚阳山北麓的马跑泉镇。据《秦州志》记载："相传唐尉迟敬德与番将战，军中苦无水，其马刨地出泉。"《天水县志》记："渗金寺在（天水市）东西十里之马跑泉镇，泉出寺中，极甘洌，源壮可灌田。"马跑泉镇自古为"丝绸之路"重镇之一，相传唐代尉迟敬德与番将作战，西征路过此地，天热干旱，军中人渴马乏，将军战马前蹄刨地，一股泉水喷涌而出，故名马跑泉。当地人民为纪念尉迟将军，在泉边改建鄂公（尉迟将军的封号）祠。

马跑泉自平地喷出，水源丰富，四季喷涌不息，旱不减、涝不增、清澈甘美，除群众食用外还可引灌附近农田。宋代诗人游师雄曾游历到此，煮茶品尝，赋诗赞泉："清甘一脉古祠边，昨日新烹小凤团。却恨竟陵无品目，烦君精鉴为赏看。"诗中还对唐代竟陵人陆羽在《茶经》中没有写到马跑泉水而感到不平。

马跑泉南麓建一寺院，现称晒经寺。相传唐玄奘西天取经归来，途经天水，恰遇渭水暴涨，渡河时洪水浸湿了经卷，曾在此地晒经。后人为纪念唐僧修建了寺院，并称晒经寺。后又口传为"渗金寺"。

马跑泉与晒经寺的传说，从不同角度反映了丝绸之路上的艰难险境。

成吉思汗与兴隆山

距甘肃省兰州市东南 60 公里的榆中县兴隆山，这里林峦层叠，险峰耸峙，花繁草荣，溪流清冽，气候湿润，自然景观十分壮美，素有"陇右第一名山"之美誉。

宋宁宗嘉定十五年（1222 年），蒙古大汗成吉思汗率兵南下，来到了榆中。

当时榆中兵荒马乱，成吉思汗大战西夏于马莲滩（今上庄乡东南）和瓦川会城（今新营境内）。由于西夏主阵地和侧翼的紧密呼应，双方进行了数十天的殊死较量，死伤惨重。最后，西夏军战败，弃城西逃。

宋理宗宝庆二年（1226 年），已 65 岁的成吉思汗开始最后一次军事远征——攻灭西夏。蒙古铁骑很快攻克甘州、肃州之后，成吉思汗来到榆中兴隆山休养。兴隆山东为榆中川，水草相宜；西为马衔山，牧草丰盛；南北皆为起伏的山丘，芳草茵茵，乔灌林木参差相间。由于多年的战争，山中寺庙僧众四散，庙宇沦为兵营，有的因失修倒塌。成吉思汗到兴隆山后，决定住在东峰的一个殿前，将士们在殿旁搭起帐篷，让成吉思汗在帐内休息。第二天，成吉思汗让部下找来儿子窝阔台、拖雷，交代说：守业比创业更难，会猛攻也要会坚守，才能得天下。攻下西夏后至少用两至五年时间先把内部整顿好。应该多办一些顺民心的事。几种语言的百姓都顺从了，你们就会天下无敌。在兴隆山，他还和耶律楚材等人制定了"联宋灭金，尔后灭宋"的政治方略，为日后灭宋奠定了基础。

成吉思汗在兴隆山度过了深秋和冬季。1227 年春，蒙古大军包围了西夏都城中兴（今银川市）之后，成吉思汗率领一部分军队南下，攻打金的辖区。入夏时，成吉思汗再度来到兴隆山。在兴隆山，他将窝阔台、拖雷叫到跟前嘱咐道："广土众民欲御辱，必合众心为一，无论现在和将来，都要铭记。"据《元史》卷一载，闰五月，成吉思汗、耶遂哈敦"避暑六盘山"到了"清水县西江"行宫。在围猎野马时，不慎从马上摔下，一病不起，无数蒙汉神医都没有挽回他的生命。1227 年 8 月 25 日，农历七月十二日，一代天骄成吉思汗病逝，享年 66 岁。成吉思汗死后秘不发丧，由一辆牛车在天亮前送出清水县境，最后送到漠北，据说葬于三河之源的大肯特山一带。

成吉思汗死后的安葬之处，有许多种猜测。传说 700 多年前，成吉思汗率军远征西夏途经内蒙古伊金霍洛时，目睹这里水草丰美，花鹿出没，心里特别高兴，陶醉之际，失手将马鞭掉在了地上。部将刚要拾起马鞭，却被成吉思汗制止了，并即兴吟诗一首："梅花幼鹿栖息之所，戴胜鸟儿孵化之乡，衰亡之朝复兴之地，白发吾翁安息之邦。"为此，成吉思汗病死后，诸子和诸将据大汗遗命，决定将遗体葬在萨里川，将衣冠葬在伊金霍洛。据说，路经伊金霍洛，灵车突然深陷泥潭中，用五匹马拉仍纹丝不动。大家即以此为衣冠冢，并建陵园，留下卫队中的 500 人专门侍奉，称作"达尔扈特"。

1939 年 1 月 13 日，日寇向伊盟新城进犯，并扬言进攻伊金霍洛。为

图 42　成吉思汗像

避免成吉思汗陵寝遭到日军的盗窃或轰炸，根据史学家们的意见，当时的民国政府选择将成陵迁至佛教圣地四川的峨眉山，或者甘肃的兴隆山。考虑甘肃是抗战的后方，同时考虑成吉思汗生前在兴隆山施展雄才大略，这里也曾是他养病疗伤的地方，最后决定将成吉思汗灵柩迁往甘肃兴隆山暂厝。

成吉思汗灵棺在兰州兴隆山安放10年，1949年8月迁往青海塔尔寺。1954年4月1日，在伊金霍洛旗新建了成吉思汗陵寝室（图42）。

为了纪念成吉思汗灵柩在兴隆山暂厝十年，兰州市榆中县于1987年在原停放成吉思汗灵柩的大佛殿遗址上，修建了成吉思汗文物陈列馆。陈列馆的建筑风格及彩绘采用民族传统的古典庙堂样式，正厅中央的成吉思汗塑像，端庄英武，后壁以三尊释迦牟尼塑像映衬。穿过两侧的雕花大门，左右展厅各有一个蒙古包，蒙古包内分别陈列成吉思汗及其妃子的灵宫（灵宫内陈放灵柩），复制的遗物苏律定、马鞍、剑、矛等文物及相关历史文献，也陈列在左、右展厅里。

李自成起义榆中县

　　明朝天启年间连续干旱，很多地方颗粒无收。宦官魏忠贤结党营私，形成了统治阶级内部的"党争"。结果不仅没有减免赋税和徭役，反而加重了对农民的剥削和压迫，引起了很多地方的农民起义，比较著名的起义军首领就有高迎祥、张献忠、张存孟、王佐挂等。

　　陕西米脂县是当时重灾区。米脂县双泉堡（今属横山县）人李自成（原名李鸿基），曾在宁夏当驿卒。明思宗崇祯元年（1628年），驿站撤销，李自成回到家中靠种地为生，因交不起举人艾诏的高利贷，崇祯元年（1628年）冬季，被艾举人告到米脂县衙。县令晏子宾将他"械而游于市，将置至死"（《小腆纪年》）（图43）。由亲友救出后，李自成杀死艾举人。接着，因妻子韩金儿和村上名叫盖虎儿的通奸，李自成又杀了妻子。两条人命在身，官府不可能不问，吃官司不可能不死，于是就同侄儿李过于崇祯二年（1629年）二月到甘肃甘州（今张掖市甘州区）投军。当时，杨肇基任甘州总兵，王国任参将，李自成叔侄遂被收录在杨肇基麾下。李自成有勇有谋有战功，不久便提升为把总。

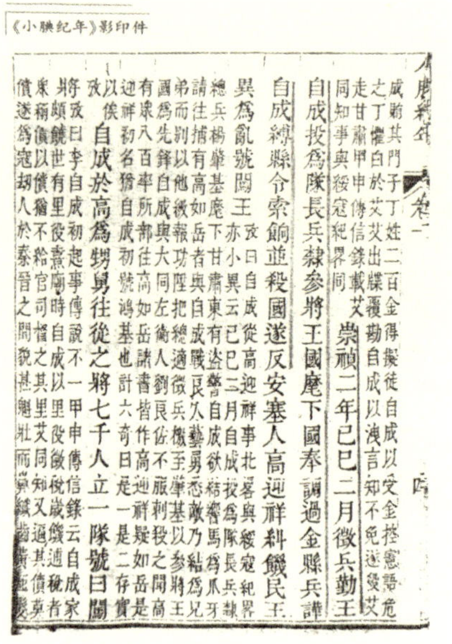
《小腆纪年》影印件

成賂其門子丁姓二百金得擬徙自成以受金控憲語危
之丁懼白於艾艾出牒覆勘自成以洩言知不免遂殺艾
走甘肅甲申傳信錄載艾
同知事與殺寇紀畧同
崇禎二年己巳二月徵兵勤王
自成投爲隊長兵隸參將王國麾下國奉調過金縣兵譁
自成縛縣令索餉並殺國遂反安塞人高迎祥糾饑民王
異爲亂號闖王
攷曰自成從高迎祥事北畧與綏寇紀畧
亦小異云己巳二月自成投爲隊長兵隸
總兵楊肇基麾下甘肅東有盜警自成欲藉響馬爲爪牙
請往捕有高如岳者與自成職艮久藝勇悉敵乃結爲兄
弟而別以他級報功陞把總適徵兵檄至肇基以參將王
國爲先鋒自成與大同左衛人劉良佐不服剌殺之聞高
有衆八百率所部往高如岳諸書皆作高迎祥疑如岳是
迎祥初名猶自成初號鴻基也計六奇曰是一是二存實
以俟
自成於高爲甥舅往從之將七千人立一隊號曰闖
攷曰李自成初起事傳說不一甲申傳信錄云自成家
將頗饒世有里役崇禎時自成以里役徵稅歲饑逋稅者
衆稱貸以償稱不給官司督之其里艾同知又適其債
債遂爲寇劫人於秦晉之間貌甚魁壯而鼻鐵齒黃

图 43 《小腆纪年》一书中的有关记载

明思宗崇祯二年（1629年）冬季，清兵入关，逼近北京，明王朝急忙调遣西北各镇兵马进京。杨肇基奉命调率全镇兵马，以王参将为先锋，由甘州奔往兰州。

由于旱灾原因，全国各省都欠军饷，其中甘肃全省欠六成。就这样，王国还克扣仅有的军饷，军士们吃不饱、穿不暖，加上王国才疏德缺，在去往兰州的路上，李自成就和属下刘良佐私下商议：“宁为鸡头，毋为牛后。”（《明季北略》）一路上，王国居前队，杨肇基统中军，在兰州犒赏士兵，第二天傍晚到了榆中。

到榆中县城后，县衙门庭关闭，李自成部下兵卒敲门呼叫，县令闭门不出。李自成便和刘良佐进入内宅寻找县令，索要军饷。兵卒们仍然在大庭大声嚷叫，要求发放军饷。

就在这时候，王国也来找县令，见士兵喧哗，立即将喊得最凶的六人扯倒在县衙大厅鞭笞，其中三人是李自成手下兵卒。正在拷打时，李自成和刘良佐绑着县令走出内宅。他俩原想送县令去见杨肇基，见王国正在拷打要饷的兵卒，而这些兵卒由于地方欠饷，加之王国等人的克扣，都穿着单衣，饿着肚子。义愤之下，李自成杀了县令和王国，高喊道："弟兄们，我们是为了活命才来当兵的，但是当官的不让我们活，我们反了！"

这一声喊，得到了兵卒的欢呼，吓跑了总兵杨肇基和甘肃巡抚梅之涣，进京的甘肃兵全部溃散。

李自成率众在榆中起义后，在当地扩充了一些人马。在同当地官兵的战斗中，烧毁了兴隆山的很多庙宇。尔后翻过马衔山，到临洮、渭源、河州一带活动。不久，兵力扩大到数万人。后来被官兵追至洮河，李自成"弃其众，率七骑涉流而渡"（《小腆纪年》）突围出去，进入汉中参加了王佐挂的农民起义队伍。明思宗崇祯三年（1630年），王佐挂接受招抚，投降了明王朝。李自成遂参加了另一支由张存孟领导的农民起义军。明思宗崇祯四年（1631年）四月，张存孟在陕北战败，投降了明军。李自成余部东渡黄河，投奔了他的舅父高迎祥，称"闯将"。崇祯九年（1636年）七月，高迎祥兵败被俘，惨遭杀害。李自成便由众义军推为"闯王"。崇祯十一年（1638年），李自成从洮州（今甘肃临潭县）到嘉峪关东侧出了长城，又从兰州附近转回榆中攻打县城，由于县令张星死守未克，李自成便到陇南山区休整部队。崇祯十六年（1643年）夏天，李自成占领今陕西全省和宁夏银川后，又来到甘肃攻取了兰州和甘州等地。崇祯十七年（1644年）在西安建立大顺政权，同年三月攻下北京，推翻了明王朝的统治。（图44）

关于李自成之死，或曰死于九宫山，或曰死于石门夹山寺，300多年来众说不一。而近些年有人根据榆中县青城镇苇茨湾村发现的一本抄修于康熙三年（1664年）的《李氏家谱》，认为李自成兵败后化装

为和尚，投靠其在榆中青城的叔父李斌，归隐榆中青城。晚年的李自
成就生活在附近的深山大沟里，并葬于龙头堡子山下。

自崇祯二年（1629 年）起，李自成在榆中（金县）起事，到晚年
落败归隐于榆中，死于榆中，葬于榆中，倒也完成了一个叶落归根的
轮回。

他的一生足迹遍布丝绸之路东段，对当时及之后丝绸之路的政
治、经济、文化产生极大的影响。

图 44　李自成行宫

霍去病挥鞭，涌现五泉

　　五泉山位于兰州市区南侧的皋兰山北麓，海拔 1600 多米，高度 300多米。

　　五泉山因有甘露、掬月、摸子、惠、蒙五眼清澈甘美的泉水而得名。相传西汉骠骑将军霍去病率兵讨伐匈奴，途经兰州，屯兵城南的皋兰山麓。时值盛夏，士卒疲惫不堪，焦渴难耐，霍去病情急之下，挥起马鞭，在驻地山坡上狠狠抽了五下，鞭响泉涌，遂有五股泉水汩汩流出。

　　从兰州建置来看，早在隋代便在今兰州城区设置五泉县，可见这五泉至少已存一千五百多年。在甘肃这干旱之地，五泉至今仍未干涸，不能不说是一个奇迹。

　　五泉山中峰高处为古建筑群，中峰两翼为东、西龙口。五泉沿东龙口—文昌宫—西龙口一线呈弧形排列，悬于山腰。

　　五泉山分西、中、东三路而行，三路均有楼台亭阁、长廊虹桥、清泉飞瀑，布局各异，自成体系，各有独到之处。

　　若从西路前行，步入五泉山门，顺西侧沿一缓坡南行约 300 米，便见一溪细水在树间潺潺而流。沿着小溪侧畔的长廊而上，有一形似一轮新月的小亭，名"半月亭"，穿半月亭即到企桥，五泉之一的"惠泉"就紧依在企桥边。泉圆形，四周绿树掩映，芳草环绕，泉水清澈见底，味甘甜，宜于烹茶，且有灌溉之利，非常实惠，故名"惠泉"。

离开惠泉，踏着一道道青石阶，沿着小溪向高处继续前行，只见一面峭壁上有涓涓清瀑直泻于壁下一汪清潭中，这便是"西龙口"。

西龙口东侧不远便是"甘露泉"。"甘露泉"是五泉中最高的一眼泉，地处文昌宫清虚府院内。孤亭掩护，源流纤细，久雨不盈，大旱不干，饮之犹如甘露。相传此泉合"天下太平，则天降甘露"之意而得名。

出文昌宫，其东侧墙角一亭内一眼圆泉。泉眼直径 2 尺有余，深约 5 尺，形如井状，即"掬月泉"。传言五泉山在月升东山时，此泉所在地为最早得月之处。每逢月夜，月影直投泉心，如月掬盘中，"掬月"雅名由此而来。这里还是西、中、东三条上山路径的会合处。

沿山坡小径东行，不远处有一山洞。洞有一人多高，入洞 3 丈许，隐约可见一汪泉水。有两级台阶延至泉水边，是助人以手摸泉水的。传说水中置有石子和瓦砾，求子女者，伸手摸去，摸着石头则得男，摸着瓦片则生女，故名"摸子泉"。

为此常有善男信女入洞中，用手在泉水中摸索。清末学者刘尔炘曾在洞门口书写一副对联"糊糊涂涂将佛脚抱来，求为父母；明明白白把石头拿去，说是儿孙"。

从摸子泉沿着东侧长廊缓步往下而行，来到东龙口午亭。亭前有一方井，井下 2 尺许，有泉水甚清，树影倒映其中。这里便是五泉之冠的"蒙泉"。"蒙"为卦名，是六十四卦之一，坎上艮下，坎为水，艮为山，用"蒙"字概括东谷面貌，含山下有险之意。也有记载说，此泉泉水甘冽宜于烹茶，尤以沏饮四川著名的蒙茶，味最甘美，饮之聪慧，可以启蒙云云，故得名"蒙泉"。明李文曾有诗赞美蒙泉："上人邀我烹新茗，水汲山中第五泉。"

五泉山的五泉积于山坡高台，且近两千年不涸，其泉水的形成，实际上得益于其所在地特殊的地质构造。五泉山最上层为第四系黄土层，也称为陇中黄土层，其下是五泉砾石层，这是一层洪积碎石夹亚黏土及砂的

图45　五泉山的霍去病塑像

堆积物。在五泉砾岩下面,在地质学上被称为甘肃群和咸水河组,主要由泥岩、砂岩、粉砂岩及砾岩构成。五泉山之泉水主要来源于五泉砾石层,这是含水层。其上的陇中黄土层形成黄土盖层,阻止了五泉砾岩含水层的外溢和蒸发,其下的甘肃群和咸水河组的岩层则形成了融水底板,保证了五泉砾石层的蓄水功能。

另外,五泉山的地质构造中有两组裂隙,分别呈北东向和北西向,共同形成"X"形共轭裂隙。五泉砾岩含水层中的水集中到共轭裂隙中积蓄起来,在五泉山山前断裂面中露出,就形成泉水。五泉中甘露泉、掬月泉和摸子泉基本上处同一水平节理,即泉水渗漏源于同一水平节理。惠泉稍低,蒙泉更低,分别为不同的水平节理渗漏所致。

虽然霍去病挥鞭五泉涌现只是神话传说,但这个故事反映了兰州百姓对西汉骠骑将军霍去病的敬仰之情(图45),同时也反映了由于甘肃地区干旱缺水,当地人们对水资源的渴求和珍爱。

见证民族团结的白塔寺

　　白塔山，位于兰州城北、黄河之阳，因山巅有座高耸的元代白塔而得名。白塔山海拔1700多米，山势险峻，坡陡沟深，突起于黄河北岸，形成"拱抱金城"之势，自古以来就是兰州北面的天然屏障。古丝绸之路沿黄河北岸从山脚下通过，山之东设"凤林关"，山之西设"金城关"，扼控古津渡口。

　　自元代筑塔建寺以来，经明、清两代经营，白塔山遍布庙宇，成为兰州又一禅林圣地。它与城南的五泉山遥相呼应，成为兰州的标志性建筑。

　　白塔寺位于白塔山中部的顶峰，始建于元代。据传，成吉思汗在完成大元帝国的统一过程中，曾致书西藏拥有实权的喇嘛教萨迦派法王，当时的法王派一位著名的喇嘛去蒙古谒见成吉思汗。这位喇嘛到达兰州后，不幸因病逝世。不久，元朝下令在他去世之地筑塔建寺，以表纪念。

　　白塔寺和寺中白塔的确切建筑年代无考，始建时应在元世祖忽必烈中统元年（1260年）前后。现存寺塔为明正统十四年（1449年）前后兰州镇守太监刘永诚重建。清康熙五十四年（1715年）巡抚绰奇深感古寺"规制过隘，无以资钜丽观"，于是补旧增新，扩大寺址，改其名为"慈恩寺"。但慈恩寺之名行之不远，后人仍习称"白塔寺"。

白塔寺规模不大，位于山巅平坦处，四面建殿阁，簇拥院中那座17米高的实心白色砖塔（图46）。塔北三间菩萨殿，单檐歇山顶，内供菩萨塑像。东西各有陪殿三间，紧连陪殿南各有一小亭，亭内分悬钟、鼓。塔南有座二层楼阁立于山顶前沿，正檐悬一金字红底匾额，上书"白塔寺"。这座悬楼依山就势，便成为白塔寺山门，而今真正的

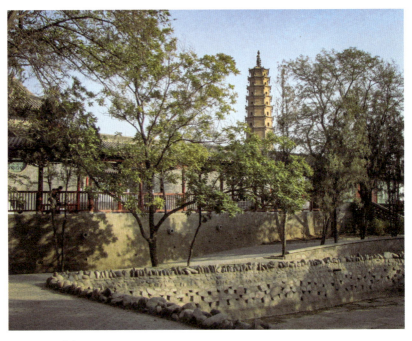

图46 白塔寺

寺门在寺院西侧。楼前有陡台阶数十步。在悬楼上，凭小轩环眺金城，近水远山，历历在目，皆于足下，真可谓"隔水红尘断，凌空宝刹幽"。

进入寺院内，眼前便是巍峨雄伟的白塔。白塔由正方体塔基、须弥座、覆钵塔身、楼阁塔身和绿色琉璃塔刹组成，高 17 米，八面七级。每级塔面均有佛龛，内雕佛像；檐角系有铁马铃。塔外通涂白浆，浑如白玉砌成，故称"白塔"。

白塔建成后，几经强烈地震，仍矗立未动，显示了古代兰州人民在建筑艺术上的智慧与才能。

另外，塔身上半部雕刻的龙凤纹、卷草纹等中原传统绘画图案，塔身下半部雕刻的宝瓶、海螺、双鱼、莲花、宝幢、宝伞、吉祥结、金轮等吉祥八宝藏传佛教图案，都反映了汉藏民族间的文化交流和融合。

白塔寺有三件镇寺之宝：铜钟、象皮鼓、紫荆树。铜钟悬于东侧钟亭内，钟面铭文载："康熙五十七年岁次戊戌孟冬月吉日敬铸洪钟一口于兰州。"这口铸于公元 1718 年的"慈恩寺铜钟"，距今已 270 多年，重153.5 公斤，造型玲珑，发音洪亮，铸面光滑细腻，实证着兰州当年铸造业的发达和铸造工艺之精湛（图 47）。

象皮鼓架在西侧鼓亭中。相传，元代末年一位印度僧人云游白塔山时，将他由印度带来的一块大象皮贡献在释迦牟尼像前。后人用这块大象皮蒙制成鼓，鼓声雄浑。原物在战火中被毁，此鼓虽然是清代后期的仿制品，但也是中印佛教文化交流的历史佐证（图 48）。

紫荆树生于院中。紫荆又称"文冠果"，俗名"降龙木"。木质柔韧坚实，纹理美观，古为斧钺类兵器之最佳柄材。杨家将的传说中就有杨宗保为替杨五郎寻斧柄降龙木而招亲穆桂英的动人故事。遗憾的

图 47　铜钟

图 48　象皮鼓

是白塔寺正殿前的这株紫荆树早已枯死。

白塔山下，便是黄河"天下第一桥"镇远桥。镇远桥最早是座浮桥，始建于明代洪武五年（1372 年），桥址在城西 7 里许。洪武八年（1375 年），卫国公邓愈移浮桥于城西 10 里处。洪武十八年（1385 年），兰州卫指挥金事杨廉改置浮桥于白塔山下。清光绪三十三年（1907 年），在白塔山下由德国公司承建铁桥一座，此桥今名"中山桥"。

全力护唐的突厥人哥舒翰

在甘肃省临洮县城的南大街，保存有一块距今1200多年的石碑，那就是立于唐玄宗天宝十三载（754年）的《哥舒翰纪功碑》(图49)。

这块石碑坐北向南，有三面砖壁围护，其碑额、碑身、碑座均由巨石制成。额高0.92米，身高4.25米，座高2.4米，碑宽1.84米。由于年代久远，碑石风化，字迹剥落，碑额仅存"丙戌哥舒"四字，碑正面刻有隶书碑文12行，现存60余字。碑文的字体秀丽古朴，相传为唐明皇李隆基御笔。根据张维《陇右金石录》里的考证，此碑"系边人为哥舒翰纪功而作"。

如今，这块石碑历经千年沧桑，已被岁月的风霜侵蚀得斑驳陆离，但它却是唐代李世民为了国家统一和保障丝绸之路畅通，而努力实施"夷夏一家"民族政策的珍贵历史见证。

哥舒翰，突厥族哥舒部落人。哥舒翰的祖父名叫哥舒沮，曾任左清道率；哥舒翰的父亲名叫哥舒道元，曾任安西都护府副都护、赤水军（今甘肃武威）使。哥舒翰世居安西（今新疆库车），他的母亲尉迟氏是于阗王的公主，家境豪富。在这种家庭中长大的哥舒翰文武双全，仗义重诺，

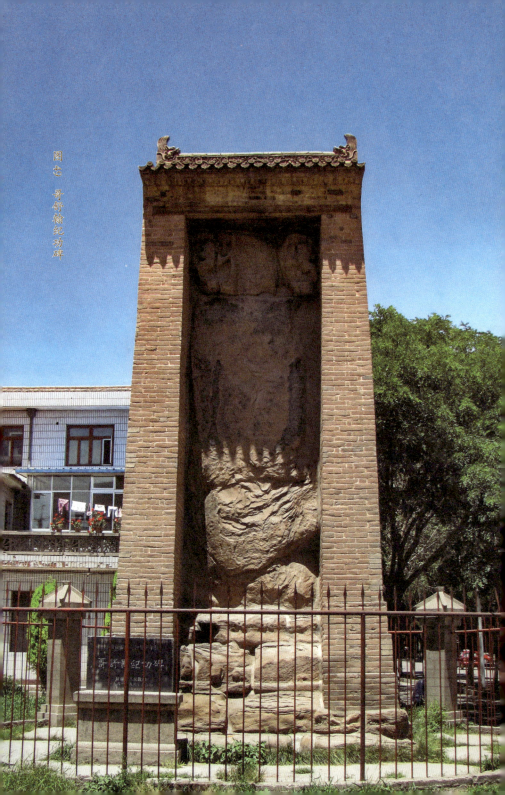

图七　哥舒翰纪功碑

但由于他喜欢饮酒赌博，一直无所作为。

四十岁时，父亲去世，哥舒翰到京城长安客居三年。因他整日无所事事，长安尉很瞧不起他。经过这件事，哥舒翰遂"慨然发愤折节，仗剑之河西"。凭借父亲的关系，哥舒翰便在河西节度使王倕帐下任职。天宝元年（742年）十二月二十九日，王倕率军攻取新城（今青海门源）后，交由哥舒翰负责经略。哥舒翰治军严厉，"三军无不震慑"，从此稍有名气。

天宝五载（746年）正月，王忠嗣兼任河西节度使。王忠嗣善于发现和培养人才，不久，哥舒翰便被提升为衙将。哥舒翰能读《左氏春秋》《汉书》，通晓大义，加上为人疏财重气，所以颇得士兵拥戴。

天宝六载（747年），王忠嗣再次提拔哥舒翰为大斗军副使，同时还提拔契丹人李光弼为河西兵马使，充赤水军使，共同负责经略吐蕃。当时吐蕃骚扰边境地区，哥舒翰率军与其战于苦拔海。吐蕃军分成三个梯队，从山上依次冲下。哥舒翰的长枪折断，便持半截枪迎击。哥舒翰奋勇冲杀，所向披靡，连破三路吐蕃军。从此，哥舒翰声名大振。战后，哥舒翰被授右武卫员外将军，充陇右节度副使、都知关西兵马使、河源军使。

当时每年麦熟之季，吐蕃便出动大批兵马至积石军驻地（今青海贵德）来抢收粮食，因其势大，加上出没不定，唐军守将无人能够防御，边地人称其为"吐蕃麦庄"。哥舒翰就任河源军使后，决心改变这种不利的状况，于是他精心部署，派部将王难得、杨景晖等率兵马至东南谷设下埋伏。不久，吐蕃又派出五千骑兵前来抢收粮食。因为以往抢麦，唐军皆在城中不敢出战，时间一久，吐蕃便习以为常。这次到达积石军营垒后，蕃军便放马脱甲，准备入田割麦，哥舒翰趁蕃军立足未稳，亲率精锐兵马从城中突然杀出，蕃军猝不及防，匆忙迎战，结果死伤过半，大败而逃。当逃至东南谷时，王难得、杨景晖等伏兵四起，一举将其全歼，无一人逃脱。经过此战，吐蕃从此不敢再来抢麦。

哥舒翰曾率兵追击敌军，但由于战马受惊，陷于河中，这时三名吐蕃将领前来刺他，他大喝一声，三人吓得都不敢动，不久救兵赶到，将他们全部斩杀。哥舒翰有一家僮叫左车，年十五六岁，以膂力闻名。哥舒翰擅长用枪，每当追上敌人时，先用枪搭在敌人的肩膀上，然后大叫一声，当敌人一回头，便直刺他的咽喉，将他挑起五尺多高，再摔在地上。左车立即下马斩其首级，他们主仆就这样配合作战，到后来已经习以为常了。

哥舒翰多次率兵打败吐蕃，并于唐天宝八载（749年）年攻破吐蕃在青海的战略要地石堡城，收得黄河九曲之地。这次军事胜利，使吐蕃奴隶主集团扩张野心受挫，使洮河流域一度安定下来。当时的百姓非常感激他，传唱着这样的民歌："北斗七星高，哥舒夜带刀。至今窥牧马，不敢过临洮。"诗以北斗七星，喻哥舒翰的功高；以胡人"至今""不敢"南下牧马，喻哥舒翰功劳的影响深远，将哥舒翰全力护唐的英勇形象描绘得栩栩如生。

然而，安禄山作乱时，哥舒翰正在长安家中养病。当时安禄山声势浩大，攻城很急，朝廷在万般无奈的情况下，起用他为兵马副元帅，统兵20万守潼关，结果被安打败。当时，被哥舒翰提拔起来的吐蕃将领火拔归仁等人见形势不对，投降安禄山。他们劫持了哥舒翰，将他的双脚绑在马腹上，连同其他几十名不肯投降的将领，一起押送往洛阳。

　　哥舒翰被安禄山抓获后，却完全没有了英雄胆色，居然跪在安禄山面前，伏地谢罪："肉眼不识陛下，以至于此。陛下是拨乱之主，天命所归，现在李光弼在土门，来瑱在河南，鲁炅在南阳，我为陛下招降他们，可一举平定这三方唐军。"安禄山大喜，马上将哥舒翰封为司空，又命人将火拔归仁拖下去斩首示众，以此向哥舒翰示好。哥舒翰昔日手下诸将接到他的书信后，都复书责骂他有失国家大臣的体面。安禄山大失所望，就把哥舒翰囚禁在禁苑之中。

　　至德二载（757 年），安禄山被他的儿子安庆绪杀害，安庆绪在洛阳自称皇帝。唐军集结几十万兵力，加上数千勇猛善战的回纥骑兵，采用梯次配置、两面夹击的战术，接连收复了长安和洛阳。安庆绪兵败撤退前，将哥舒翰等三十余名被俘唐将全部杀害。哥舒翰一代名将，死得窝囊，令人感叹。

　　值得注意的是，虽然哥舒翰在安禄山面前屈节求生、晚节不保，然而唐玄宗没有忘记哥舒翰以往开疆拓土的功劳，追赠他为太尉，谥号"武愍"。

　　哥舒翰生前被重用，反映了唐朝初年李世民提倡民族平等、"夷夏一家"的民族政策在唐王朝得到继承和延续。

　　哥舒翰死后被追赠谥号，更是反映了唐王朝的博大胸怀。

　　唐王朝之所以能够开疆拓土、丝绸之路能够畅通，便是因为有哥舒翰这样一批全力护唐的少数民族将士为其浴血奋战。

潘唐哇与金环女的故事

罗家洞石窟寺俗称罗家洞寺，又名云光寺，藏语叫典却让旋，是一处藏传佛教寺院。罗家洞寺位于永靖县城南 4 公里处的罗川村，西距炳灵寺石窟仅数十公里。

石窟开凿于黄河岸边的赤色高崖绝壁之间，是古代人们行旅在丝绸途中祈求佛陀保佑平安的一座重要石窟寺。

图 50　罗家洞石窟寺外景

　　远远望去，一道红色宫墙般的崖壁映入眼帘，绝壁上镶嵌着一座藏式四层楼阁，上接蓝天，树遮花掩，经幡飘舞，犹如仙阁（图50）。

　　罗家洞寺最初开凿于明代成化二年（1466年），经不断修建，规模不断扩大，据有关文献记载"绝壁有洞，殿阁飞空"，洞窟内不仅供有大佛、欢喜佛、千手千眼佛、诸佛菩萨，还供有"铁牛"等动物。另外山脚下还有僧院30余所，枣树数千株，为此"番族往来瞻拜，络绎不绝"。然而，这些丰富多彩的佛教艺术竟在1958年被毁于一旦。现在所看到的寺院建筑，是20世纪80年代以后陆续重新修建的。

　　仰望危壁高处的一条条栈道和数十个残窟，还可以依稀看到当年这些佛窟的宏伟规模（图51）。

　　关于罗家洞寺石窟的开凿，相传公元8世纪时，尼泊尔有一僧人叫潘唐哇，他潜修密宗，造诣颇深，为求正果，遵其师嘱远涉东土，行程万里来到刘家峡炳灵寺，夜宿寺中，梦见其师说："你再向东行，见一处红崖赤壁、剑峰刀削、白土盖头、黄河弯曲似太极图，河水向西倒流之地，就是你修炼之处。"次日，潘唐哇就一路向东走去，果然见一处红山白头、黄河水倒流、形似太极图的地方，与师傅所说丝毫不差，于是便留了下来，在半山腰的岩洞里闭关修炼。当地有一位叫罗荣的老人见其真修，就让自己的女儿金环女每日送饭，风雨无阻，年复一年，很快金环女到了待嫁的年龄。一天她给大师送饭时，伤心地告诉大师说："父母已将我许配给古城人家，明日就来迎亲，我再也不能给你送饭了。"大师对她说："别难过，明天迎亲皮筏渡河时，你只要手握一把土祈请我就行了。"次日，当迎亲皮筏载着金环女渡河时，金环女心中默默祈请潘唐哇大师，河面忽然狂风四起、骇浪滔天，所乘皮筏被卷于漩涡之中，不大一会风平浪静，

图 51　栈道和残座

图 52　关于典却活佛的碑刻

图 53　丹霞地貌

金环女不知去向。同时，潘唐哇也不知去向，但红石山下茅庵依旧。第二年开春，突然一声巨响，红石山崖齐刷刷地塌了一半，山腰间豁然显出一洞，虹光灿烂。人们攀梯爬上山洞一看，只见一男一女相依坐在一起，虽然黄沙齐腰，但肤色跟活人的一样鲜亮、红润。男的正是茅庵和尚潘唐哇，女的正是金环女。此事轰动乡里，于是由地方信士募资建寺名"罗家洞"，从此香火兴旺，佛事隆重。潘唐哇便是后来的典却活佛，金环女便是后来的金环女佛。

　　如今的罗家洞寺前后有三块碑文，相继记叙了潘唐哇和金环女成佛的传说，证实了在五百年前中尼两国之间的友谊（图52）。

　　更令人惊奇的是，虽然当年的洞窟和栈道如今已经残破不堪，但在残破洞窟之侧的一处崖壁，不知何时竟在日晒雨淋的风化过程中出现了奇异的形象：一个头发卷曲的外国小孩与中国妇女额头相碰，面对面地伫立在崖壁边。当地百姓传说这身外国小孩像就是尼泊尔僧人潘唐哇的化身，而中国妇女像则是本地姑娘金环女的化身，只不过他们经过数百年的修行后转世变成了母子。大自然的鬼斧神工与民间传说不谋而合，从另一个角度说明中尼人民的感情已经在罗家洞百姓的潜意识中深深扎根（图53）。

　　石窟的开凿及其相关传说见证了中尼人民之间的深厚友谊。

天祝，一个英雄的部落

天祝藏族自治县位于甘肃省中部，为古丝绸之路通道和河西走廊之门户。

"天祝"，民间称"华热"。"华热"即英雄的部落或英雄的地区之意。那么，"华热"的名称是怎样来的呢？根据史书记载和民间传说，有这样几种说法：

一是说，古时候在阿尼玛卿雪山（青海果洛州）一带有叫阿秀和华秀的弟兄俩，是两个部落的酋长。后来，受藏王的命令，向东北方向移动，哥哥阿秀的部落迁居青海湖边驻牧，在清道光年间迁至青海祁连县（俗称阿里克），后由阿柔千户管理。华秀部落因原部落草原大部已被向北扩张的部落占领，如起兵反击，力量不足，况且华秀不愿让属民送死，同时华秀也不愿让别人掠去牛羊，使牧民陷入困境，就想找一块新的生息之地。

可是到哪里去呢？华秀日夜苦苦思索，拿不定主意。正在这时，忽见天上飘来一朵白云，云头有一位身穿白色铠甲、头戴白色头盔的将军，手持一柄寒光闪闪的银剑，骑一匹昂首嘶鸣的战马向东奔驰。华秀心里豁然明白：这一定是部落的战神在指引方向。于是，他当机立断，一声令下，整个部落收拾帐篷、赶着牛车，浩浩荡荡向东而去。

经过艰苦的奔波，终于穿过了花石峡，来到湟水、大通河、庄浪河流域（图54），到达阿尼嘎卓雪山（即天祝马牙雪山）下的扎西秀龙滩。这儿没有人烟，山势雄奇，草原宽阔，森林茂密，流水潺潺。从此，华秀部落便在这里驻牧、繁衍生息，发展成今天的华热。

二是说，吐蕃松赞干布统一了西藏高原，向东征战。到赤松德赞时，更加不断有序地向东扩张，天祝一带遂被吐蕃占领，从此长期驻守着一支英勇善战的军旅。此后，一些部落也陆续迁此驻牧。吐蕃大臣伦布噶之子降唐后，也被安置在洪源谷（今古浪峡，包括安远、夏玛、朵什）一带。后来，吐蕃王朝崩溃，这里的驻军便留居此地，与当地的羌族融合，并同吐谷浑、汉族等民族交错相居，形成了今日之华热。

三是说，古时的天祝一带为霍尔国辖地。有一年，霍尔的黄帐王、白帐王、黑帐王密谋策划，乘邻国格萨尔大王为拯救二妃子香萨讨伐魔王路赞不在国内之际，率领大军，浩浩荡荡打进邻国，抢走了格萨尔大王的爱妃珠姆，并抢去了许多牛羊，杀死了无数百姓。格萨尔平定魔王

图54　波澜壮阔的大通河

之后，一住就是 10 年。后来接到了身在霍尔的珠姆托白仙鹤捎来的信，便率领 13 位大将和浩浩荡荡的队伍，攻入霍尔国拯救珠姆。经过数十次血战，终于消灭了三个帐王，占领了这块土地，留 13 位大将驻守，并将邻国的董部、东部、丹玛部、珠部等部落迁到此驻牧。数年之后，青海北部、甘肃西北部的朱国部南侵，企图占领这块牧地，结果被英勇善战的 13 位大将击退，这里因此而声威大震，被周围部落称之为"华热"。又过了一年，南方 500 里外的水潭里一个十分凶残的九头妖魔，趁六月十三日的赛马会，腾云驾雾，扑向人群，残忍地咬死了许多百姓。13 位大将奋起抵抗，杀了妖魔，他们也因身负重伤而英勇牺牲。正当群众悲痛地为他们举行葬礼时，突然惊天动地一声巨响，一朵彩云托起 13 位大将，瞬即变成了 13 座高耸入云的大神山，成为当地藏族人民崇高的保护神。从此，牧民每年祭奠。

　　天祝境内，崇山峻岭，悬崖峭壁，山势雄伟突兀，像勇士高举的一把把利剑，这块地方因此而称为华热——英雄之部落（图 55）。古丝绸之路、西北茶马古道、拉萨通往北京的松山古道（俗称金光大道、北路）均横穿过天祝境内，河西走廊的门户——乌鞘岭也在县境中部，犹如一道屏障拔地而起，巍然屹立，势控河西，真可谓自古兵家必争的战略之地。

图 55　天祝境内的崇山峻岭

唐代第一位和亲公主——弘化公主

人们都熟知文成公主和松赞干布的故事，但大多不知道在文成公主之前，唐太宗李世民就将他的一个宗室女弘化公主远嫁到了吐谷浑。这是唐代将公主嫁于外藩的开始，也是中华民族团结史光辉灿烂的一页。它不仅密切了唐与吐谷浑的关系，也为丝绸之路的畅通创造了条件，保证了西北边境的安定。

图56 弘化公主和丈夫诺曷钵塑像（引自网络）

唐太宗贞观九年（635年），唐太宗李世民封吐谷浑慕容顺光为西平郡王。后慕容顺光被下属所杀，年幼的诺曷钵即位，由于大臣争权，国中大乱。唐太宗令大将侯君集率兵救援，并遣淮阳王李道明亲自持节册封诺曷钵为河源郡王，授乌地也拔勤豆可汗。诺曷钵十分感激,献牛、羊、马万头。唐太宗贞观十年(636年)诺曷钵入朝请婚,十三年入朝迎婚,十四年(640年)唐宗室女弘化公主奉太宗之命,由左骁卫将军、淮阳王李道明及右武卫将军慕容宝携带大批物资,护送弘化公主入吐谷浑与诺曷钵完婚(图56)。

弘化公主也叫光华公主,武则天时改封西平公主,陇西成纪人。唐高祖武德五年(622年)出生在唐宗室之家,是淮阳王李道明之女。弘化公主自幼受到家庭严格的教育,贤明聪慧,知书达理,而且非常美丽。她的墓志铭中写道:"诞灵帝女,秀奇质于莲波;托体王姬,湛清仪于桂魄。公宫秉训,沐胎教之宸猷,姒幄承规,挺璇闱之睿敏。"给予了这位唐公主极高的评价。

为了汉与吐谷浑两族间的团结,年仅十八岁的弘化公主就远离长安,到异族他乡的青藏高原与诺曷钵过起了"有城郭而不居,随逐水草庐帐为室,以肉酪为粮"的游牧生活。

弘化公主入吐谷浑,使唐与吐谷浑的关系很快化干戈为玉帛,友好往来频繁。唐太宗贞观十六年(642年)至二十三年(649年),吐谷浑每年都派使者向唐王朝入贡,唐也以礼相待。唐太宗贞观二十三年(649年)六月,高宗李治继位后,拜诺曷钵驸马都尉,封青海国王。贤达善良的弘化公主作为使者来往于唐与吐谷浑之间,促进了唐与吐谷浑人民的友好关系。她不仅完成自己一生的光荣使命,而且鼓励自己的儿子与唐联姻,结成世代的亲戚关系。

高宗永徽三年(652年)八月,弘化公主表请入朝,高宗派遣右骁卫将军鲜于国济迎之。十一月,弘化公主和诺曷钵一起来到长安,为长子苏度模末(慕容忠)求婚,高宗将宗室女金城公主许配他为妻,并于麟德元年（664年）在京成婚，封慕容忠为左威卫大将军，宿守京师。

后来，弘化公主和诺曷钵又让次子左武卫将军、梁汉王闵卢模末到唐求婚，高宗把宗室女金明公主许配给了他。

这样，通过多次联姻和不断的物资交流，促进了唐与吐谷浑的团结融合，丰富了两族人民的物质文化生活。

由此可见，弘化公主不仅是一位真正的皇家宗室公主，也是一位努力完成和亲使命的公主。

弘化公主不仅聪明贤惠，而且具有超人的胆略。据传，弘化公主入嫁吐谷浑后，吐谷浑和唐朝的关系进一步密切了，而这却引起了吐谷浑国内不少大臣不满。有一年，吐谷浑丞相宣王和他的两个弟弟密谋在祭山活动中，劫持诺曷钵和弘化公主投奔吐蕃。弘化公主得知这个消息后并没有惊慌，她飞身上马，和诺曷钵一起带着少量亲兵，连夜向鄯城（西宁）奔去，并在鄯州刺史杜凤举的帮助下一举粉碎了宣王的阴谋，吐谷浑国内很快就安定了下来。

据20世纪初在武威出土的《大周故西平公主墓志》记载，西平公主即弘化公主，武则天改称西平公主并赐姓武。这位美丽、贤达的公主入吐谷浑58年，在异族他乡生活了半个多世纪，从来没有一点怨言，完成了历史使命，于武则天圣历元年（698年）五月三日病故于灵州东衙之私第（今宁夏同心），享年76岁。次年三月十八日，埋葬在凉州南阳晖谷治城之山岗，即今武威市城南20公里的南营乡青嘴湾。

唐朝先后共有27位公主远嫁少数民族头领，然而回长安省亲的唯有弘化公主一人。弘化公主是唐代第一位和亲的公主，也是和亲公主中唯一一位回过"娘家"的省亲者。

张澍闲游发现西夏碑

西夏碑，即凉州重修护国寺感应塔碑。因其正面刻西夏文，简称"西夏碑"或"西夏文碑"。

西夏碑刻于西夏天祐民安四年（1094年）。碑身高2.5米,宽0.9米，厚0.3米。石碑两面撰文，正面刻西夏文，背面刻汉文。正面以篆字题名，意为"敕感应塔之碑文"，正文为西夏文楷体字，计28行，每行65字。背面为汉文小篆题名"凉州重修护国寺感应塔碑铭"，正文为汉文楷体字，计26行，每行70字（图57、图58）。

碑上的西夏文和汉文所述内容大体相同，但叙事前后有所差别。两面文字不是互译，而是各自撰写的。碑记凉州城内护国寺佛塔于西夏天祐民安三年地震时倾斜，西夏皇太后和皇帝下诏加以重修之事。

这块西夏碑不仅对于研究曾经认为是"天书"的西夏文字，具有极其珍贵的价值，同时对于研究西夏时期的社会经济、政治制度、民族关系、宗教文化等方面，也是非常丰富而珍贵的史料。

西夏是以党项族为主的多民族政治实体，唐后期已形成一定的势力，到了宋朝发展强大，李元昊成立独立政权，创制文字，设立蕃学（西夏文）、汉学，国内两种文字并用，文化相当繁荣。西夏存在了将近二百

图 57　凉州重修护国寺感应塔碑
西夏文碑文

图 58　凉州重修护国寺感应塔碑
汉文碑文

年，后来被成吉思汗派兵征灭。其国内凡有文字的东西，都被毁灭无遗。近年考古者从银川市西夏陵墓内发掘出的碑石，都被砸成一千多个碎块，可见破坏之大。西夏碑远在河西，得以保存，实属不易。并且它的发现经过，也有一段曲折故事值得一叙。

清嘉庆九年（1804 年），著名学者张澍（号介侯），武威人，因病解官，自贵州玉屏回到武威原籍。这一年的重阳节前后，张澍和当地一些友人游览地方名胜古迹，来到武威城内北隅的清应寺中，看见一座碑亭前后都被砖砌堵死。相传不可开启，开启必有风雹之灾。张澍不知里面是何碑刻，很想看个明白，便和主持僧人商量，请求拆开一看，寺僧坚决不同意。张澍无奈，便和同游诸位承诺，如有祸灾，由我们承担，和住持无干。左磨右缠，才得到同意，于是雇工数人先把前面封砌的砖拆除，露出来西夏文石刻。张澍后来在他的文章中很形象地说："乍视字皆可识，熟视无一字可识。方整与今楷书字无异。"他想碑的背后必定也有文字。又让人把后面的砖封拆去，发现了汉字释文。他高兴地说："夏国字，其臣野利仁荣所造，或言元昊作之，未知其审。此碑自余发之，乃始见于天壤。金石家又增一种奇书矣。"他写了一篇《书后》的文章，还写了四首七律，详述其事，刊于他的《养素堂诗文集》中。

张澍学识广博，著作甚多，晚年定居西安，生前自刊有《二西堂丛书》《诸葛忠武侯集》等。遗稿皆藏其家，后被法国人伯希和购去一部分，现藏巴黎图书馆，还有一部分现存于陕西省博物馆。

西夏碑的发现，既是一种偶然，也是一种必然。张澍与友人游逛到清应寺，属于偶然性。如果不是被张澍发现此碑刻，而是被其他无知者发现或盗掘，现在是什么情况便很难说了。

凉州御山瑞像与刘萨诃的故事

1973 年 6 月，甘肃省永昌县文化馆馆长黄兴玉普查文物时，来到了龙首山脉里的御山峡谷。在一家农户的牛圈墙角里，黄兴玉意外地有了令他惊喜不已的发现。

据黄兴玉说："后大寺遗存的石头大都被邻近的农民修了牛圈、灰圈（厕所），还有的散落在遗址旁边。我们在牛圈的墙角里发现了这尊大佛头，它被镶在一个拐角里。这是难得的宝贝啊。我们

图 59　永昌县圣容寺瑞像石佛头　北周

赶快找了撬杠从墙里撬出了佛头，雇了生产队的架子车，拉到了文化馆。"经考古专家鉴定，黄兴玉在牛圈里发现的这尊佛头是北魏时期造像，被定为国家二级文物（图 59）。黄兴玉馆长找到佛头的地方，是一处被当地老百姓叫作"后大寺"的寺院遗址。

　　无独有偶，1979 年 5 月，原兰州军区某部队医院在修建家属宿舍时，从武威县城东北角的老城墙下挖出了一块上部残缺的巨大石碑。这块险遭遗弃的石碑，两年后被当地的一位文化人发现并推荐，运到了武威市的文物部门。专家仔细认读后，确定这是一块唐代石碑，记载的是凉州番禾御山瑞像寺自建成到唐代天宝元年的历史。文物专家把它命名为《凉州御山石佛瑞像因缘记》碑。根据碑文考证，凉州番禾御山瑞像寺就在今天的永昌县御山峡。

　　更令人惊奇的是，这两处地方发现的佛头和石碑竟然和远距 700 多公里外的敦煌壁画有关。原来，莫高窟五代第 61、72、98 窟、中唐第 231、237 窟等洞窟中所描绘的有关圣者刘萨诃瑞像的壁画，其内容正与此相吻合。

　　刘萨诃是东晋时期少数民族的一位高僧，法名释慧达。东晋隆安三年（399 年），他经凉州来到敦煌，西出阳关，沿丝绸之路南道，赴印度巡礼取经，往返十年。途中多次与高僧法显和凉州僧人宝云相遇并结伴同行。回国之后，又两次西行，在河西走廊弘扬佛法，最后死于酒泉七里涧。他的事迹、故事被后世广为流传。

　　刘萨诃出生在一个匈奴后裔家中，其家骡马成群，牛羊满圈，良田千顷，有权有势。弟兄三人，皆武艺超群，是当地一霸。老三刘萨诃，虽然自小不爱读书，目不识丁，但身材高大，膂力过人，精于武艺，刀、枪、剑、戟无所不通。平日酒足饭饱，最爱打猎，不知有多少飞禽走兽惨死在他的手中。有一天，刘萨诃大摆宴席，请来亲戚朋友吃酒。他虽然酒量不小，但亲朋们你敬一杯，他敬一杯，刘萨诃喝了个酩酊大醉，昏睡如逝。一直过了七天七夜，因鼻中尚有一丝余气未断，就没有将他埋藏。到第七天，刘萨诃缓缓而醒，家人见他死而复活，高兴异常，问他有什么感觉和好梦。刘萨诃给众人详细述说了这七天里不寻常的经历。原来他去阴曹地府走了一遭，阎王爷因他称霸乡里，杀死无数生灵，便将他扔进油锅炸去皮肉，后被观音相救。阎王又让他参观了十八层地狱，使刘萨诃受到了一定的教育。他接受了观音菩萨让他离俗出家、脱离苦海的劝告，便又回到了人间。

刘萨诃自此以后，痛改恶习，落发出家当了和尚。之后，他虔诚拜佛，钻研佛典，并历经千辛万苦到印度取回佛祖真经。北魏太延元年（435 年），刘萨诃离开中原，同弟子来到凉州。有一天，他和弟子来到御山脚下的云庄寺，指着奇峰深谷说："这里深谷高崖，苍松翠柏，烟雾缭绕，景象非凡，并有奇彩祥光，且土地纯洁，将来会有绝好的佛陀宝像出现。如果佛像缺头，将预示天下大乱，百姓遭殃；如果佛像四肢俱全，首尾完好，将预示世道太平，黎民安乐。"众弟子点头牢记在心。过了几日，他带着弟子继续西行，经甘州到达肃州。行到肃州西的七里洞中，无疾而终，当地僧侣为了纪念他，就造了一座舍利宝塔供奉他。

八十多年后的一天，凉州御山一带忽然大风骤起，乌云密布，雷电交加，暴雨倾盆，只听得轰隆隆一声巨响，山摇地动，山谷内悬崖崩裂。雨过天晴之后，人们发现断崖上依壁屹立着一尊金光闪闪的大佛石像，高约一丈八尺，奇怪的是佛身四肢俱全，却无佛头。

当地僧侣、信徒、官绅和百姓纷纷议论，大佛无首，如何礼拜？于是找来能工巧匠，量过佛身，按比例雕凿佛头。佛头雕成之后，在隆重的鼓乐声中，举行安放仪式，可是佛头怎么也放不到佛身上，放一次掉一次，放两次掉两次。工匠们千方百计，不知想了多少办法，但还是没能把佛头放在石像的脖子上。

原来，当时的北魏皇帝政治腐败，横征暴敛，天下大乱，民不聊生。这佛头安放不上去，正应刘萨诃的预言。

又过了大约 30 年，肃州七里涧谷中（一说为凉州东七里涧）有灵光时隐时现，几十里以外的地方都能看到。人们感到非常蹊跷，纷纷到谷中观看。原来峡谷中有一颗硕大的佛头像，眉宇间放射着祥光。僧徒们在惊奇之余，猛然想起在凉州御山有一尊无首佛像，于是八抬大轿把佛头送到凉州御山，欲安置在佛身上。僧徒们将佛头一抬上佛身，只听得空中佛乐相奏，林中百鸟和鸣，佛首佛身，浑然一体，天衣无缝。只见大佛含笑，瑞光万道。此时，正值天下太平，百姓安居乐业。这又应了刘萨诃的预言。

后来，僧侣们为了颂扬刘萨诃的功德，就在御山山谷中开窟造像，并在山下修建寺院，朝拜者络绎不绝。

据史料记载，石佛瑞像凿制于北魏孝明帝正光元年（520 年），寺院始建于北周武帝保定元年（561 年），初名瑞像寺。到了隋朝，隋炀帝西巡时，诣寺礼拜，亲笔把瑞像寺改名感通寺，到中唐吐蕃统治河西时，又改名圣容寺。西夏、元朝统治时，这里民间的香火不断。明朝时期，由于在县城内和县城附近兴建很多寺庙，而远在城北二十里御山谷的圣容寺则显冷落衰败。到清代中后期至民国时期，圣容寺逐渐被废弃了。特别遗憾的是，圣容寺在 20 世纪 50 年代被彻底拆毁。

黄兴玉馆长找到佛头的地方——"后大寺"遗址，就是曾经的圣容寺遗址。武威县城发现的《凉州御山石佛瑞像因缘记》石碑，记载

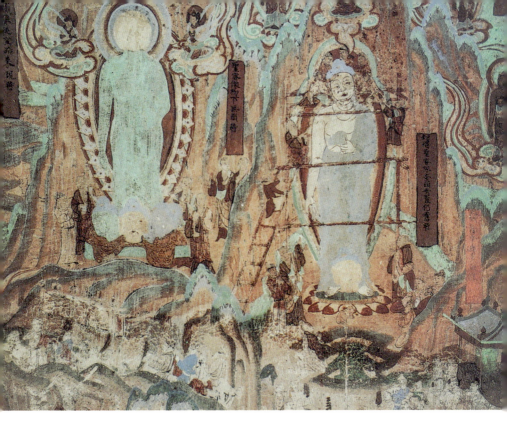

图 60　莫高窟五代第 78 窟南壁　刘萨诃因缘变

了圣容寺的发展过程,以及刘萨诃和尚修行、玄奘取经在此地讲经、隋炀帝西巡朝拜圣容寺等丰富内容。

　　莫高窟五代第 72 窟的壁画《刘萨诃因缘变》则以宏大的画面、繁杂的情节描述了这个故事(图 60)。画面中绘一高大的石佛像,大佛像两脚间放置一佛头,表示从七里涧迎回佛头置于脚下尚未安装,有榜题曰:"圣容像初下无头时。"佛像身体周围搭木架,若干工匠正在架上安装佛头,榜题曰:"却得圣容像本头安置仍旧时。"画面中还绘有各国信徒手捧供宝行于途中在像前叩拜,以及乐队、百戏、官员供奉礼拜等庆典场面。

隋炀帝西巡遇险吃尽苦头

　　隋炀帝杨广开凿运河乘龙舟、携带后妃、率领百官浩浩荡荡游江南的故事，几乎人人皆知。但炀帝西巡河西之事，知道的人却不多，尤其是炀帝在西巡途中遇险吃尽苦头的情况，更是几乎无人知晓。

　　据史书记载，大业五年（609 年）三月，炀帝从京城"车驾出巡"，"四月大猎于陇西"，"次狄道"，"出临津关，渡黄河，至西平"，"经大斗拔谷，止于张掖"，这是炀帝西巡的基本路线。即从长安出发，经今甘肃省陇西、临洮、积石山县，青海省乐都，甘肃省民乐县的扁都口，最后到达张掖。在这条西巡路线上，炀帝遇到多次险情，吃尽苦头。

　　在经过青海门源的浩门河（今大通河）时，"梁浩亹，御马度而桥坏"，炀帝几乎溺入水中，为此"斩朝散大夫黄亘及督役者九人"，"数日，桥成，乃行"。这是五月下旬的事情。

　　接着六月上旬，在经过扁都口时，又遇到更大的险情。"经大斗拔谷，山路险隘，鱼贯而出，风雪晦冥，文武饥馁沾湿，夜久不逮前营，士卒冻死者大半，马驴什八九，后宫妃、主或狼狈相失，与军士杂宿山间。"

　　大斗拔谷即扁都口。这里海拔 3500 多米，南通青海省祁连县，北达甘肃省民乐县。峡谷长 28 公里，峡宽数十米，最宽处不足 150 米，最窄处十余米。古道最窄处，人不能并肩，马不能双辔。峡谷两侧奇峰耸立，峭壁突兀，怪石森然，两山夹峙，溪水蜿蜒其间，道路曲折，湿滑难行。因地势险要，山势峻拔，自古以来便是兵家必争之地，也是商旅通行的重要通道之一，中国古代的丝绸之路南路便由此从青海入甘肃通西域。东晋时期的僧人法显就是从靖远经兰州、西宁，穿越扁都口到达张掖的。

隋炀帝西巡到此，遇到了意想不到的灾难。盛夏六月之际进入扁都口，竟遇到天气突变，大雪纷飞。在暴风雪突然袭击下，"士卒冻死大半"，据传随行的隋炀帝的亲姐姐乐平公主杨丽华也冻死在这里（也可能是高原反应导致），在谷口附近的山沟里有一座古墓，人称"娘娘坟"，据推断这便是北周宣帝宇文赟的天元皇后杨丽华的坟墓。

可见隋炀帝西巡途中处处遇险，确实吃尽了苦头。

隋炀帝的这次西巡，往返历时半年，远涉到了青海和河西走廊。在当时的条件下，中原王朝的皇帝西巡大西北这么远，只有炀帝一人。他这次兴师动众西巡的目的：一是为了安定西陲，大显武威；二是为了丝绸之路的畅通，发展商业贸易。从结果来看，这两个目的都达到了，所以虽然炀帝路途遇到不少险情，吃了不少苦头，但还是非常值得的。

因为自北朝以来，由于南北分裂，突厥、吐谷浑等部兴起，不断骚扰西北。到了炀帝大业三年（607 年）、四年（608 年），占领今青海大部、南疆一部分和甘南、川西北一些地方的吐谷浑，不甘心臣服隋王朝的政权，屡次进犯张掖等地，西陲很不安定。炀帝西巡，就是要大显其威，震慑吐谷浑，以安定西陲。故炀帝西巡途中，首先"大猎于陇西"，后"大

猎于拔延山"（今青海化隆马场山），又"渡黄河，至西平，陈兵讲武，将
击吐谷浑"。不久，就出兵打败吐谷浑，开拓疆域数千里。历史上第一次
将青海省的大部分归入中原王朝郡县制度的管辖之下。在统一祖国疆土
方面，炀帝的西巡不仅了顺应了历史发展潮流，置西海、河源、鄯善、且
末四郡，而且进一步促成了甘肃、青海、新疆乃至整个大西北成为中国
不可分割的部分。

　　炀帝西巡张掖之前，就对丝绸之路的畅通和贸易特别重视。他派亲
信大臣、隋朝杰出的地理学家裴矩常驻张掖，掌管着与西域诸国的通商
事务。当时（大业初）"西域诸胡多至张掖交市"，裴矩通过胡商调查了
西域四十四国的山川地理、风土人情、物产珍宝等情况，并根据历代有
关西域的资料，编写了《西域图记》三卷，入朝奏上。裴矩被召见时还
讲了各国的奇闻逸事，和各种珍宝如何之多；又谈到吐谷浑骚扰丝路，
故朝贡不通，要打败吐谷浑并不难，等等。"帝于是慨然慕秦皇、汉武之
功，甘心将通西域"，这就是炀帝西巡的起因。他到河西以后，高昌、伊
吾及西域的二十七国君主、使臣前来朝见，并献疆土以示臣服。西域客
商也都云集张掖进行贸易，盛况空前。

　　炀帝到达张掖的焉支山时，为了显示隋王朝的国威和富庶，命令所
有的参加者，人人都佩金戴玉，身着华丽的丝毛服装，所到之处，"焚香
奏乐，歌舞喧噪"。他还命令地方长官督促武威、张掖两郡的百姓乘车
骑马，盛装前往，衣服车马不漂亮的，郡县官吏要进行督促检查。那一
天，焉支山周围几十里的地方都被车马围得水泄不通（图61）。这就是
被人们称之为古丝绸之路上的"万国博览盛会"。

　　隋炀帝西巡途中虽然遇到许多险境，吃了不少苦头，但他的西巡开

拓了祖国疆域，使西陲安定，保证了丝绸之路的畅通。同时也加强了隋朝与西域各国在政治、经济、文化上的交流，密切了内地和西域的关系，促进了中国和西亚、欧洲各国的经济文化交流。

微信扫码
● 丝路起源
● 丝路兴盛
● 丝路重生

图 61　山丹焉支山

霍去病倾酒入泉成佳话

　　酒泉，是国内唯一的一个因酒称泉，又因泉而名扬天下的城市。诗仙李白曾云："天若不爱酒，酒星不在天。地若不爱酒，地应无酒泉。"诗圣杜甫亦云："道逢曲车流口涎，恨不移封到酒泉。"因此，凡是初到酒泉的游人，都会听到许多有关"酒泉"来历的故事。

　　古代酒泉，又称"金泉"。据《西河旧事》一书记载：古代，有一人口渴，到泉边取水欲饮，见有金色从水中映出，当从泉里舀出水后，发现了一大块金子，所以人们便把这里称为金泉。

　　《汉书·地理志》"酒泉郡"条下注引应劭曰："城下有金泉，其水若酒，故曰酒泉。"唐代颜师古也说："旧俗传云，城下有金泉，其味如酒，故曰酒泉。"明清时代有一种说法："此泉之水，用之酿酒，酒味甚佳，故名。"

　　酒泉民间却流传着这样一个故事：两千年前，汉武帝为了打通进入西域之路，派骠骑将军霍去病西征匈奴。于是霍去病出陇西，越焉支山，居延海，斩获数万匈奴人。大获全胜后，霍去病的部队驻扎在一处风景秀丽的泉边。汉武帝为了犒赏霍去病，派人千里迢迢送来几坛御酒。霍去病将军认为之所以能够打胜仗，功在全军将士，御酒应由大家分享，但人多酒少，不足分配，怎么办？于是他将御酒倾倒入泉水之中，泉水即化为美酒，他便与众将士开怀共饮。从此，这处泉水便被人们称为"酒泉"。

虽然关于"酒泉"地名的故事有多种传说，但酒泉人民更津津乐道霍去病倾酒入泉的故事，这既反映了酒泉人民对骠骑将军霍去病的热爱，同时也反映了人们认识到战争胜利不是靠某一个英雄，而靠的是全军将士，靠的是人民群众。

另外，"酒泉"这个地名可能也确实和霍去病有些关系。据史载，汉武帝元狩二年（前121年）三月，骠骑将军霍去病奉命率领1万骑兵，进攻河西（今甘肃武威、张掖、酒泉一带）的匈奴军。他率军穿过乌鞘岭，一路猛冲猛杀，越焉耆山（即焉支山）千余里，杀死匈奴卢胡王、折兰王，俘虏浑邪王子及相国、都尉等，共歼敌8900多人。这年夏季，武帝再次派遣霍去病率骑兵数万向河西进攻。霍去病以惊人的胆识，又在无后方支援和其他部队配合的情况下，绕到敌军侧翼，经居延（今内蒙古额济纳旗东）向东南突击，在祁连山麓大胜浑邪王、休屠王，俘虏王子、相国、将军、都尉等百余人，共歼敌三万多人，取得了河西之战的重大胜利，也创造了我国古代骑兵作战的典型战例。

也就是在这次完胜后，汉武帝在元狩二年（前121年），"乃于浑邪王故地置酒泉郡"。

两千多年过去了，酒泉人在传说霍去病"倾酒入泉"的古泉之处，建造了泉湖公园，并趁着发展旅游业的机遇，又改建成了国家旅游景区"西汉酒泉胜迹"，矗立起大型群雕"出征""鏖战""庆功"三组场景，借此歌颂霍去病将军河西大捷的历史功绩和宣传酒泉的历史文化。

左宗棠斩驴护树

　　清代名臣左宗棠，自清同治五年（1866年）调任陕甘总督，至清光绪七年（1881年）擢升军机大臣，十余年在西北（主要在甘肃）战功显赫，很受朝廷尊崇。在此期间，他除在军事上有很大的战绩外，在开发河西方面，也有不少建树。

　　由于军事上的需要，左宗棠多次来到酒泉，其行辕也经常驻扎在这里。因此，左宗棠在酒泉的故事也颇多。

　　他为了军运需要和繁荣经济，开拓和修筑了甘新大道。这条长达数千里的道路，当时已破败不堪。左宗棠在行军中，对这条驿道进行了全面勘察和测定，同时进行拓展修筑。至今这条大道仍为甘肃通往新疆的主要公路干线，这不能不说是左宗棠的一大功绩。

　　在筑路的同时，左宗棠又命令筑路军队，在大道沿途两侧植树造林，凡在宜林地带和近城道旁都要栽上几行柳树、杨树和沙枣树，名曰"道柳"。道柳是不允许任何人破坏的，其目的是护路基、阻风沙、利行人。凡他所到之处，都要动员军民植树造林，并且制定护林护树的措施，严加执行。因此，湘军所植道柳和河西城池所栽林木皆连绵不断，枝叶繁茂，绿树成荫（图62、图63）。

　　左宗棠第一次来到酒泉，看到城内街市繁荣，商业发达，但气候干燥，尘沙飞扬。他就号令军民植树造林，美化环境。于是，酒泉城内四条大街统统种上了翠杨嫩柳，城西沿讨赖河一带还开辟了防沙林地，使这座古城充满了绿色生机。

图62　左公柳　　　　　　　　　　　　　　　　　图63　左公柳碑文

　　光绪元年（1875年）左宗棠兼任督办新疆军务，率军由酒泉出发，讨伐叛乱的阿古柏，历时三年，左宗棠收复了乌鲁木齐、和田等地，讨平了阿古柏。

　　相传，当他奏凯返回酒泉后，看到四大街的树木多已死亡，更奇怪的是很多树皮被剥光。他十分愤怒，对府县衙门的官员严加斥责。

　　一天，左宗棠微服出巡，发现乡民骑驴进城办事，多将毛驴拴在树上，而毛驴悠然自得地大啃树皮，无人过问。左宗棠看在眼里沉思良策，决心改变此种不爱护树木的不良风气。当他后来又碰见一头毛驴在啃树皮时，左宗棠跨上一步，解开缰绳，将驴拉到鼓楼拴定，拾级登楼，击鼓聚众，判驴死刑，并当众宣布："从今以后，若再有驴毁坏林木，驴和驴主与此驴同罪，严惩不贷。"一时左宗棠斩驴护树的行为传为佳话。

时隔不长，酒泉又流传出左宗棠斩侄护林的故事。左宗棠的侄儿居功自傲，对左宗棠植树护树的号令有意藐视，手执砍刀当众砍倒一片林木。左宗棠闻报，怒不可遏，以"毁林违纪"之罪公开将其斩首。从此以后，酒泉城内林木葱茏，环境幽雅。百十年来，酒泉人也养成了植树爱树的优良品格。到 1949 年时，酒泉南门口、北门口都还有四人环抱不住的参天大树，就是有名的"左公柳"的遗存。

至今在酒泉公园和玉门镇一带还保存有数量极少的"左公柳"。

光绪四年（1878 年）左宗棠的老友杨昌濬，应约西来，帮办军需。看到驿道两旁杨柳成行，所到之处绿树成荫，即景生情，吟诗一首道："大将筹边尚未还，湘湖子弟遍天山。新栽杨柳三千里，引得春风度玉关。"

冰道运石和山羊驮砖的传说

　　嘉峪关城巍峨壮丽，布局合理，建筑得法，非常适合战争和防御的需要。关城有三重城郭，多道防线，城内有城，城外有壕，形成重城并守之势。它由外城、内城、瓮城、罗城、城壕组成，其建筑工程非常浩大（图 64）。

　　嘉峪关是长城线上保存最为完整的一座关城，除了这里气候干燥、风雨侵蚀较轻，以及历代维修保护良好等原因外，还与其当年修筑时用料考究、基础牢固、工程质量好有很大的关系。

　　当人们走进嘉峪关城就会看见城墙基础、楼阁台阶和门洞铺设的全是巨型石条，每条长约 2 米，宽 0.5 米，厚 0.3 米。关于这成千上万块笨重石条的来源，还有一段"冰道运石"的故事。

　　据说，在当初建关城时，因需要大量的石条做基础，石匠们就四处寻找，终于在关西北十多公里处的黑山中一个叫磨子沟的地方，找到了这种质地坚硬的石头。其石质坚硬，可凿成磨盘、碾磙等物。石匠们取了样品，经鉴定，确定可以用磨子沟的石头做基石。于是，石匠们到磨子沟开采石条。石条凿成之后，人抬不起，路程又远，运输十分

图 64　嘉峪关城墙

困难。工匠们边凿石条边犯愁，眼看隆冬季节到了，石条还没运出山，工期又催得很紧，怎么办呢？

　　一天，有一位老石匠出山找人想办法，不料天上下起了鹅毛大雪，不一会儿，山坡上就覆盖了厚厚的一层雪。老石匠走着走着，不小心滑了一跤。这一跤可非同寻常，把老石匠从山坡直接滑到了沟底。他翻起身，顾不得伤痛，急忙返回，见了大伙高兴地说："有了，有了！"工匠们正在疑惑间，老石匠说："乘着天寒地冻，我们可以顺山坡修一条路，然后在路上泼水，结冰以后，把石条放在上面，设法往下滑，看这样行不行？"大伙一听，都说这是一个好办法。他们禀告监工，得到批准后，就开始修路的修路，泼水的泼水，很快，一条长长的冰道出现在山间。人们站到冰道两边，手持撬杠使巨大的石条沿冰道向山下滑行，然后用牛车拉。石条就这样源源不断地从山里运到了工地上，保证了工程的用料和工期。

　　另外，修筑嘉峪关时，其用砖的数量也十分惊人。据说，当时修建关城所用的砖，是在关西四十里以外的地方烧制的。砖烧好以后，用牛车拉到关城下，然后再一块一块背上城墙。城墙越修越高，唯一能上能下的马道坡很陡，往上面运砖就成了问题，尽管工人们个个累得腰酸背痛，但还是赶不上工程用料的需要。眼看有贻误工期的危险，人们都焦急万分。

　　有一天，有一个放羊娃赶着一群山羊，在关城附近放牧。他看见人们背着砖上城墙，又慢又累，个个筋疲力尽，监工还在不停地吆喝着，他心情十分沉重。他突然想起来自己放羊时，天热了把棉袄搭在羊背上的情景，于是想出了一个用山羊驮砖的办法。只见他甩着响鞭，吆喝着把羊赶到了城下，然后解下腰带，两头各绑上一块砖，搭在羊背上。他用手轻轻一拍羊的屁股，只见身体轻巧的山羊驮着砖，一路小跑，很快爬上了又高又陡的城墙。在场的人们看了，又惊又喜，都说这是一个好办法。

　　从此，放羊娃每天赶来羊群，工匠们用绳子把砖拴好，搭在山羊背上，驱赶着一只只山羊不断地往城墙上运砖。就这样，修城用的成千上万块砖，被善于爬坡的山羊一块块地驮到了城墙上，加快了工程的进度。

　　冰道运石和山羊驮砖的传说，不仅反映了嘉峪关工程的浩大和修造的艰辛，同时也反映了当地百姓在修建过程中因地制宜、群策群力的聪明才智。

定城砖和击石燕鸣的传说

在嘉峪关西瓮城会极门阁楼的后檐台上，可见到一块青砖摆放在那里，这块砖就是传说中的"定城砖"（图65）。

相传当年修建关城时，工程用料要求十分精确，有一位名叫易开占的工匠，精通九九算法，所有建筑，只要经他计算，用工用料就会十分准确和节省。监督修关的监事官要他计算嘉峪关用砖数量，易开占经过详细计算后说："需要九万九千九百九十九块砖。"监事官不信，与易开占立下"军令状"，说："如果多出一块或者少一块，都要砍掉你的头，罚众工匠劳役三年。"

工程竣工时，监事官为了刁难易开占，乘人不备，偷偷在会极门阁楼后的檐台子上放了一块砖，准备等第二天拿易开占问罪。当天夜晚，易开占做了一个梦，梦见一位高人对他说，有人要陷害他，在城楼上多放了一块砖，让他到时就说那是"定城砖"。第二天，在举行竣工典礼时，监事官指着那多出来的一块砖，责问易开占。哪知易开占不慌不忙地说："那块砖是神仙所放，是定城砖，这是预先设计好的。如果搬走它，城楼顷刻便会塌掉的。"监事官一听，吓得灰溜

图 65　檐台上的定城砖

图 66　宽阔马道与人行道

溜地走了。

　　几百年过去了，嘉峪关西瓮城会极门阁楼上的那块定城砖至今仍在，谁也不敢拿掉，谁也不愿拿掉，它一直在见证着那段历史的传说。

　　嘉峪关内城有东西二门，东为"光化门"，意为紫气东升，光华普照；西为"柔远门"，意为以怀柔而致远，安定西陲。两门均有土筑瓮城回护，站在瓮城中，周围高墙森严，感觉真成了一个不折不扣的"瓮中之鳖"，也正应了"敌兵入城，如瓮中捉鳖"之意。瓮城的门向南开，刚好与内城的门成九十度折角，如此设计假使敌人攻破瓮城，也无法长驱直入冲击内城大门，城头的守军很快就可将困在瓮城底的敌军射杀殆尽。内城东西门上各有一座高大雄伟的城楼，和城门名称相同，东为"光化楼"，西为"柔远楼"。

　　东西城门内均有宽阔马道直通城顶，一半为坡道，供骑马行走，另一半为台阶，供步行上下（图 66）。信步向东门北侧的坡道入口走去，北侧城台与墙衔接处的拐角墙就是有名的"燕鸣壁"，"击石燕鸣"的凄美传说就指此处。

相传，古时有一对燕子筑巢于嘉峪关柔远门内。一日，两燕出关，日暮，雌燕先归，雄燕飞回时，关门已闭，不能入关。雄燕被城门隔在了外面，"啾啾"地哀鸣着，用头不停撞击城门，竟撞死在城门脚下。雌燕久候雄燕不归，也悲鸣而死。

这个传说用一种夸张的手法衬托出嘉峪关的险峻，连燕子也不能飞过。后来据说嘉峪关内每逢将士出征时，他们的妻子就会成群结队地来到"燕鸣壁"前叩卜凶吉，以能听到燕鸣之声为吉兆。

图 67　击石燕鸣

据说用小石块敲击这里的城墙砖，耳边会传来"啾啾"或"叽叽"之声，仿佛燕子归巢时的鸣叫声。从此以后，游人到此，都要击墙听燕鸣，以至墙面击痕累累。数百年来，城墙上已被敲击出数个拳头大的深坑。为了保护城墙，现在已将击墙改为击石，依然能听到燕鸣声（图67）。

"击石燕鸣"这段美丽动听的传说，已经在嘉峪关流传了数百年，至今仍然脍炙人口，这到底是什么原因呢？据说从建筑学的角度分析，这些地方的墙角是砖砌的，结构严密，墙体表面平实，墙体又向上呈梯形倾斜，而墙角呈喇叭状，下小上大，又由于人们所站的位置与墙壁的距离不等，所以以石击墙，或两石相击，就会发出连续的啾鸣回音，这回音由快变慢，由低向高，最后消失在空中，使人听到似有一种"啾啾"的燕鸣声。

定城砖和击石燕鸣的故事，证明了嘉峪关工程修建时的巧妙设计和强大的防御功能，反映了古代西北人民为了防御外敌所做的种种努力，更印证了嘉峪关在丝绸之路上的重要性。

康熙夜梦桥湾城

　　距瓜州县城 80 余公里的甘新公路边，有一座残破的古城——桥湾。据说因城南疏勒河上有座天生桥（黄土涵洞），桥下河床呈弧状而得名，初建为仓储屯粮所用。这里东连嘉峪关，南屏祁连山，西接新疆，北通蒙古国，自古以来就是丝绸之路上的交通要塞，河西走廊上的兵家必争之地。

　　据民间传说，桥湾古城的兴建和康熙皇帝做的一个梦有关。相传有一天，康熙皇帝梦见自己在大西北巡游，在穿过一片荒无人烟的沙漠时，忽然看见一大片绿洲，其间一条大河清水蜿蜒，岸边长着几棵参天大树，树枝上挂着一顶金灿灿的皇冠和一条白玉腰带。离大树不远处有一座金碧辉煌的城池，恍若天上凌霄殿，人间帝王家。

　　梦醒后的康熙皇帝十分高兴，认为梦中之城必是上天赐予自己的边关要塞，于是亲绘地图一幅，并遣人去大西北寻访。当寻访的官员来到桥湾一带时，果然见到发端于祁连山的疏勒河边长着几棵高大的胡杨树，树上挂着一顶草帽和一条草腰带，除了无高耸的城楼外，这里的景观与康熙皇帝梦中的场景十分相似。

来人回去禀告后，康熙皇帝龙颜大悦，立即拨巨款派大臣程金山前往桥湾监督修建一座和紫禁城一样的城池，以备皇帝出巡居住。

程金山领命带着大儿子来到西北，父子商量：这地方远离皇城，又处荒凉之地，谁肯来此游览？皇帝日理万机，哪有工夫前来巡游？结果他俩见财忘法，把巨款的大部分银两据为己有，只草草地修了一座既矮又小的城池，便回京城复命。

不料，一年之后，一位钦差大臣西巡，想要亲眼看一下这座据说堪比紫禁城的城池。可来了一看却傻了眼，这里除了一圈矮墙和几间破屋之外别无他物。

这位大臣回京后，将所见据实禀报了康熙皇帝，康熙闻后龙颜震怒，当即降旨将程氏父子斩首示众。为了警示百官及后人，他令人将程金山的后脑勺做成一个碗，并将程氏父子的皮剥下，制作成两面人皮鼓，父大子小。还颁令将其永远悬挂在一座寺庙内，日夜敲击，以警示后人。

康熙三十年（1691年），在桥湾城西北不远处敕建"永宁寺"。寺院规模宏大，金碧辉煌，大殿内除了供奉佛像外，同时供奉康熙皇帝像及康熙的龙袍、马褂和马鞭等物，另外悬置人皮鼓、人头碗。同时，他还从京城派来10名道士，命其一日三次敲击人皮鼓，以告诫边关将帅们做官须清廉，为人须正心。

后来有专家考证，"康熙夜梦桥湾城"纯属传说和民间的杜撰。据说事实真相可能是，康熙二十九年（1690年），皇帝因新疆噶尔丹叛乱西征，在他大胜班师途经瓜州桥湾时，发现这里两边都是山，只有中间一条大道，是控制新疆的咽喉要地。在这里修建城池，真正的目的无非是用于驻军屯粮，以作为战略平叛的桥头堡和打通中原与西域的交通要道。

同治年间，盗匪侵扰，城失民逃，寺毁僧散。今天的永宁寺只剩下断壁残垣，地面有许多砖瓦堆砌，寺院基址纵横交错，但仍可见当年的建筑规模。

现今，游人来到桥湾古城博物馆，可以看到陈列的人头碗和人皮鼓，都完整无损。头骨呈棕黄色，皮面呈深褐色，在鼓的中腰镶嵌着一条银圈，上雕着两条盘卷着的龙，那龙怒目圆睁，龙爪飞舞，无言地向世人昭示着什么。

虽然不能确定这人头碗和人皮鼓是否真的是用程金山父子的头骨和人皮所做，但"康熙夜梦桥湾城"的故事，印证了老百姓痛恨贪官污吏的事实是毫无疑问的。有诗云："敕建永宁康熙梦，痛斩贪官警钟鸣。剥皮为鼓代代捶，声声过后几人醒？"

玄奘偷渡瓜州玉门关

　　唐贞观三年（629 年），长安一带遭到严重的自然灾害，庄稼多被霜、雹所毁，朝廷通令所有人等可以外出随丰而食。二十七岁的玄奘于是混入灾民群里，踏上了赴天竺寻求真经的漫漫征途（图 68）。

　　贞观初，唐王朝一度封闭河西一带，严禁百姓擅自西行。玄奘不听朝廷的命令潜行到了凉州，接到朝廷牒文的凉州都督李大亮，便硬逼玄奘返回长安。幸遇慧威法师派弟子慧林和道整二人秘密护送玄奘西行，途经甘州（张掖）、肃州（酒泉），一路昼伏夜行，风餐露宿，辗转到了瓜州。

　　瓜州，在当时是偷越国境的关口，据《大慈恩寺三藏法师传》记载：玄奘于贞观三年九、十月间抵达瓜州后，了解到从这里前往西域去天竺有南北两条道路可走：南道由瓜州去敦煌，从敦煌西行沿着阿尔金山脉经鄯善（今新疆若羌）、于阗（今新疆和田）、莎车等地而行；北道由瓜州北进至伊吾（今新疆哈密），沿着天山南侧西行，经龟兹（今新疆库车）等地而行。同时，玄奘还打听到：从瓜州北行五十多里，有条葫芦河，下宽上窄，水流湍急，深不可渡。上面就是玉门关，是西

图 68   榆林窟西夏第 3 窟 唐僧取经图

去必经之路和咽喉要道。从玉门关向西北行，有五座烽火台，各相去百里，中间没有水草和人烟。过了这五座烽火台，就是著名的莫贺延碛戈壁，再过去就是伊吾。人们还告诉他，走北道比较安全，商旅多走此路。玄奘于是决定沿北道西行。

玄奘到达瓜州不久，凉州都督府追拿玄奘的公文也送到了瓜州。公文上写道："有僧字玄奘，欲入西蕃，所在州县，宜严候捉。"幸亏瓜州州吏李昌信仰佛教，被玄奘西行取经的诚意深深感动，便违背朝廷旨意，带着公文到玄奘住处，当面把公文撕毁，叫玄奘赶快离开瓜州。

这时，玄奘来时骑的马病死了，凉州慧威法师派来护送他的两个小和尚不堪远行，一个去了敦煌，一个回了凉州。玄奘虽然在瓜州买到一匹马，但苦于没有人带路，十分焦急。恰巧遇到一个信仰佛教的胡人石槃陀，交谈之后，石槃陀表示愿意拜玄奘为师，并护送他过烽火台西行。玄奘很高兴，又买了一匹马，和他约定日期，一同启程。

第二天傍晚，石槃陀带着一个骑着又老又瘦的赤马的老人前来。石槃陀介绍说："这位老人对西行的道路很熟悉，去过伊吾三十多次，所以我把他请来了。"接着，那位老人劝玄奘说："西行的道路非常险恶，前面横着八百里的沙河（莫贺延碛大戈壁），上无飞鸟，下无走兽，只以死人的枯骨作为标记。成群结队的人走还有迷失的，何况你还是只身一人？还是回去吧，不必冒这样的危险了。"但玄奘执意西行，老人于是把他骑来的老马送给玄奘，说："你不要小看这匹马，它虽然老瘦，但脚力却很矫健，往返伊吾国已有十五次了，认识路径。"玄奘即拿新买的马与老人的老赤马交换，彼此告别。

当天晚上，玄奘与石槃陀从瓜州出发，向北行约五十里，于三更时到了葫芦河（今瓜州双塔兔葫芦沟）边，远远看见了玉门关（唐玉门关就在今瓜州县双塔水库中的双塔堡一带）。这里是河流的上游，距离关口十多里，河宽有丈余，旁边有梧桐树林。师徒俩砍树搭桥，铺草垫沙，人和马都安然渡过了河。

渡过河后，玄奘感到很高兴，他和石槃陀一起躺在地上休息。天色将明，石槃陀突然拔刀而起，在玄奘面前徘徊犹豫。玄奘知他起了异心，也不惊怕，只是端坐不动，两眼直盯着他。过了一会，石槃陀把刀放下，央告玄奘说："弟子反复想了又想，觉得走这条路实在艰难，虽然五座烽火台附近有些水草，但只要一处发现我们的行踪，我们的性命就完了，还是回去吧！"玄奘不为所动，执意继续西行，让石槃陀一个人回瓜州去。然而，石槃陀不肯离去，又说："师父此去倘若被捉住，供出我的姓名，我家中的妻儿老小怎么办？"玄奘向他立誓，即使自己不幸被捉，也决不会说出他的姓名。石槃陀这才放心策马返回。

失去了旅伴，玄奘孤零零一人在戈壁沙漠里行进，他只能凭借辨认一堆堆骸骨和驼马粪便的踪迹前进。好不容易走了八十多里，远远看见一座烽火台，便隐伏在沙沟里。待到傍晚时分，他小心翼翼走到烽火台旁，看到一汪清水，正低头拿起皮囊盛水的时候，忽然一支冷箭"嗖"的一声从他头上掠过。接着又是一箭射来，险些射中了他的膝盖。他知道自己已经被哨兵发现，索性站起来高声大喊："请不要射我，我是京师来的和尚。"台上的守兵停止了射击，开门带他去见校尉王祥。王祥是个信佛之人，问清楚来由后，对玄奘很是尊敬。考虑到西行的艰难，表示愿意送他到敦煌，说敦煌寺院的僧人和他熟悉，愿代为引荐。玄奘谢绝他的好意，表示誓死也要西行取经。王祥被他感动后，就留他住了一宿。第二天清晨，王祥送给他一些水和干粮，亲自送他十多里路，并指点说："从这一条路，可以直接到第四座烽火台，守台的校尉叫王伯陇。到达那里后，就说是我送你出来的，他一定会帮助你。"说罢，两人洒泪而别。

晚上，玄奘来到第四座烽火台。他怕守台人发现，想悄悄取些水后暗中偷过，可是在取水的时候，冷不防一支箭又从头上掠过，他和上次一样，急忙大喊。守兵带他去见王伯陇，说明事由后，得到热情款待。第二天早晨，王伯陇送他一大皮囊水和干粮、马料等，并叮嘱说："第五座烽火台那个校尉性情粗暴，为了避免意外，可以另抄别路越过，直达野马泉，到那里可以取水。"

辞别了王伯陇，玄奘继续策马西行。这里已是莫贺延碛戈壁，黄沙遮天蔽日，既无飞鸟又无走兽，连牲畜粪迹也难以找到了。走了一百多里，仍不见野马泉。他迷路了，慌乱间竟失手将皮囊中的水全部倾倒在沙漠里。他虽然懊悔，但仍继续西行，一直走了四夜五天，滴水未沾，又渴又饿，终于人和马都昏倒在地上。

躺到半夜，玄奘才渐渐苏醒过来，马也慢慢站了起来。他振作精神，骑上老马勉强又走了几里路。突然，老马拼命向另一条路跑去，玄奘怎么也控制不了，跟着跑了几里路，只见眼前绿油油一片草地，草地间一洼清泉。他高兴地跳下马来，人和马都喝了个痛快。他和马在这片草地上整整休息了一天，盛了水、备了草料，又继续前进。又走了两天，才脱离了八百里的莫贺延碛戈壁，到达伊吾（今新疆哈密）。

高昌王听说玄奘到了伊吾，派使者远迎玄奘到高昌（今新疆吐鲁番），两人结拜为兄弟，挽留讲经一月，并写信二十四封，把玄奘介绍给沿途二十四国的国王。在高昌王的帮助下，玄奘一路西行，于第二年夏末终于到达了天竺——印度。

象牙佛与道人郭元亨

在瓜州榆林窟，曾珍藏着一件稀世珍品——象牙佛。这件艺术珍品是由一根象牙分成两半，然后雕刻而成的。

象牙佛高 15.9 厘米，中宽 15.7 厘米，厚 3.5 厘米，两边对合。合拢后的外形是一尊神态优美的普贤菩萨，她双手捧宝塔端坐在大象背上，周围还刻有十个浮雕人像；打开合片，内侧两边共刻有人像 279 个，车马 12 乘，涉及 50 多个情节不同的佛传故事，讲述释迦牟尼的一生。人

图 69　象牙佛外貌

图 70　象牙佛内貌

图 71　郭元亨 像（段文杰绘）

物形态各异，构思精巧别致，装饰美观，刀法细腻，真是精美绝伦，令人叹为观止（图 69、图 70）。

从雕像人物相貌、服饰看，属于印度风格。据此推断，可能是唐代僧人从印度带回的，是一件在榆林窟历经一千多年保存下来的稀世珍品。现造像存于北京故宫博物院。

这件价值连城的稀世文物能珍藏至今，与已故榆林窟道人郭元亨师徒几代的精心管护是分不开的。

郭元亨于 1896 年出生在高台县一个贫寒农家（图 71），在兵荒马乱的 1927 年，逃荒到瓜州踏实乡，随后又到榆林窟投奔马荣贵道长，并出家当了道士。他每日早起晚睡，洒扫庭院，服侍师父。

有一天，马荣贵把郭元亨叫到河边，告诉他一个秘密：

大约在清朝雍正四年（1726 年）前后，榆林窟住持道士吴根栋在清理一个洞窟的积沙时，在角落里发现了象牙佛。

一座名不见经传的石窟，竟供奉着传世珍宝。一时间，慕名前来参拜象牙佛的信徒、香客络绎不绝。榆林窟的道士将象牙佛精心守护，代代相传。

清朝末年，象牙佛传到了杨元道长的手上。此时的大清王朝西北边陲土匪横行。声名远扬的传世国宝象牙佛自然不会逃过匪兵的关注。

土匪很快来到了榆林窟，逼迫杨元道长交出象牙佛，但道长拒绝了。杨元是第一个为象牙佛献出生命的道长，他惨死后，弟子严教荣继任道长，但象牙佛却下落不明。

原来，土匪到来之前，严教荣的师兄李教宽早已带着象牙佛逃出榆林窟，去老家金塔避难。后来李教宽在金塔县去世，象牙佛被一个叫梁钟的人收藏。梁钟的女婿，常来往于盐池湾一带的蒙古族地区做生意，顺便提及老丈人梁钟家有象牙佛的事。这消息传到了榆林窟，道长严教荣因丢失的宝物有了着落非常高兴，于光绪三十年（1904年）冬天驾起马车，奔向金塔，历时三月之久，于光绪三十一年（1905年）三月才把流落他乡多年的象牙佛请回榆林窟。

经历了这样一场人间劫难，严教荣再也不敢在大殿供奉象牙佛，他把象牙佛悄悄藏在了一个隐秘之所，日夜守护。几年后榆林窟再遭洗劫，为保护象牙佛，严教荣和另外一个小道士被土匪残忍杀害，一屋子经书也被焚毁。严教荣被杀，象牙佛的下落又成了无人知晓的秘密。

马荣贵将以上情况告诉郭元亨后，又对他说：象牙佛其实就藏在大殿弥勒佛前的一条龙的口里。原来，严教荣在被杀之前，已将象牙佛的秘密告诉了马荣贵。马荣贵特别嘱咐郭元亨：除非到了太平盛世，象牙佛决不能轻易出世！

1930年，马荣贵道长外出化缘遭遇土匪，土匪逼他交出象牙佛，马荣贵飞身跳崖自尽。他是为象牙佛丧生的又一位榆林窟住持道长。

1937年4月20日，蘑菇台子来了一支衣衫褴褛的军队，他们就是中国工农红军。当时已经继任榆林窟住持道长的郭元亨发现，这些当兵的虽然穿得破衣烂衫，但军纪严明，待人也很和气，而且自始至终没有问过象牙佛的事，这让郭元亨大大松了一口气。

红军从祁连山出来，一个多月没有吃过一顿饱饭。军长程世才向郭元亨求助，希望他能给红军接济些粮食、油料，郭元亨很痛快地答应了。

红军刚走，马家军就尾随而至。他们以郭元亨私通红军为由，逼他交出象牙佛。郭元亨牢记师父的生前遗训：不到太平盛世，象牙佛决不出世。不论马家军怎么拷打，他都一口咬定没见过象牙佛！

郭元亨被折磨得奄奄一息，乡亲们都说他没救了，他的朋友梁克仁大夫却坚持给他治伤。治好伤以后，郭元亨回到榆林窟，继续做住持道长。

1947年，安西县（今瓜州）参议李永宽也想抢取象牙佛，准备派人抓郭元亨。郭元亨只好用平时积攒的钱通过熟人向李永宽讲情，才算免去一场灾难。

就这样，郭元亨一次又一次地冒着生命危险保护了象牙佛，尽管环境险恶，但他一直没有离开这里。

1949年9月，安西（今瓜州）解放了。郭元亨看到他曾经帮助过的红军队伍打下了江山，盼望已久的太平盛世终于来了，他想：象牙佛该出世了！

1950年春，郭元亨爬上卡房子山，从山鹰窝里取出象牙佛，献给了安西县人民政府。1954年，象牙佛被移交给甘肃省文物管理委员会，同年在兰州五泉山公园首次展出。1956年由甘肃省博物馆收藏。1958年移交中国历史博物馆收藏。

薛仁贵兵困锁阳城

在瓜州县东南大约70公里的荒漠戈壁中，有一个古老的城池遗址，这里流传着一个关于"锁阳"的故事。

锁阳城，相传建于隋唐时期，原名苦峪城。由于千百年来的变迁，如今只见断壁残垣的废墟。锁阳城由东西两个长方形的主城组成，城墙高约9米，宽约5米，均以泥土构筑而成。东城约7万平方米，西城较大，约16万平方米。两城有西北二门，宽约15米（图72）。

登上边城，南眺浩瀚的戈壁与白雪罩顶的祁连山，北望无垠的沃野，东面只见沙丘起伏如黄龙浮动，西边却又是绿草如茵的开阔地。城外廓墙断续隐现，廓外烽燧、箭台和瞭望台连绵数里。在烽火台之间和城墙上，堆放着许多鹅卵石，这些都是当年用以撞压敌人的"擂石"，是当年鏖战的见证。城里到处可见一丛丛红柳，在沙丘

图72　锁阳城遗址

间和红柳丛中，生长着一簇簇红缨枪似的锁阳。

相传，当年唐太宗命太子李治和名将薛仁贵率兵征伐西域。唐军进入苦峪城后，被哈密国元帅苏宝同包围。唐兵虽然英勇奋战，但终因对地形不熟，冲不出重围，只能固守苦峪城中呈相峙之势。

在求援无望的情况下，薛仁贵看到城里的土地肥沃，水源丰富，便令士兵屯田自给。苏宝同看一时不能取胜，就用红柳、羊毛、沙石将流经苦峪城的疏勒、榆林二河堵塞，迫使河水改道，良田遂成为荒芜之地。

一天天过去了，城中的粮食越来越少。薛仁贵没有办法，只好号召将领们节衣缩食，并亲自带人挖草根、剥树皮充饥。一天，士兵们在城周围挖到了一些像小红萝卜一样的东西，薛仁贵问当地乡民："此物何名？"一个年老的长者回答说："这叫锁阳，是一种中草药。可以补气血双亏，肾虚阳弱，也能食用。"薛仁贵大喜，又问："此物可多？"长者说："遍地皆是。"薛仁贵便命士兵们挖掘锁阳，吃了以后，果然可以充饥解饿。这样一直坚持到解围。解围之后，统兵将领程咬金问薛仁贵："被围之日，以何为食？"薛仁贵回答："唯以锁阳充饥尔。"程咬金叹曰："锁阳，锁阳，唐兵之粮！"从此，苦峪城便改名为锁阳城了。

锁阳在锁阳城真可谓得天独厚。城周围的土质呈黄褐色，土质疏松肥厚，为锁阳提供了天然良好的生长条件。这里生长的锁阳肉质肥满，药用价值高，并含淀粉，可酿酒和作为饲料，自然也可以代替食品，有一定的充饥功用。

　　锁阳城遗址内还留有大量土台、房屋及其他建筑物遗迹，陶片、铜币随处可见。锁阳城周围汉唐时期的古渠道分南、北、中三条主渠，东西贯通，南北相连，总长度达百余公里，其间，支渠、毛渠、斗渠及古农垦区大片弃耕地交错相连，如今仍依稀可辨。锁阳城具有中国保存最为完好的古代军事防御系统和古代农田水利灌溉系统。它的发现，对于研究中国隋唐时期的军事、农业、城市形制及当地的生态演化等方面具有重要意义。锁阳城周边分布的古墓葬东西绵延数十公里，现已查明的汉、唐、魏、晋时期古墓葬约四千座，是河西地区规模最大、最为集中、最为丰富的古墓区之一。

李广利将军刺石成泉

　　在藏经洞出土文献《敦煌廿咏》中，有一首《贰师泉咏》，其诗颂道："贤哉李广利，为将讨匈奴。路指三危回，山连万里枯。抽刀刺石壁，发矢落金乌。志感飞泉涌，能令士马苏。"这首诗说的是李广利将军西征胜利后，在三危山下因干渴难耐而寻水的故事。

　　据史籍记载，汉武帝酷爱宝马，为获大宛贰师城的汗血马，便封李广利为贰师将军西征大宛。李广利出征获胜，得汗血马 3000 匹，班师回京。当走到敦煌往安西（瓜州）途中的三危山下时，人马疲劳不堪，加上天气炎热，没有水喝，纷纷倒在戈壁滩上，然而周围数十里寸草不生，派去找水的士兵都空手而归。

　　李广利心急如焚，决定亲自去找水。李广利来到南面的山中一看，山是秃山，谷是干谷，进山谷不远，迎面悬崖挡住去路，悬崖上不知何时何人写下了三个大字——"滴水石"。李广利不由怒火冲天，拍打着山石说："滴水石，不见水，戏弄行人，徒有其名，毁我三军，留它何用？"说罢举剑上前，对滴水石奋力一劈，只见青石抖动，火花四进；第二剑劈下去，黄风四起，天昏地暗；第三剑刺进去，山裂地吼，岩石开口，只见一股清澈的泉水从青石缝中汩汩地涌了出来。

　　三军将士顿时欢腾雀跃，争相痛饮，吃饱喝足，踏上归途。最为神奇的是，此泉似有灵性，人多水深，人少水浅，总能满足。后来，人们为了纪念"刺石成泉"的贰师将军，将此泉称为"贰师泉"。在泉旁建了一座庙，名"贰师庙"，供奉着李广利神像。并在此设置了驿站，供过往军队、商旅歇息。

　　随着丝绸之路的衰败，常年叮咚的驼铃声消失了，无情的岁月使贰师庙和驿站坍塌了，砾石覆盖在上面，变成了荒凉戈壁，就连贰师泉的名字也渐渐被人们遗忘了。但是，清泉水流依旧，从未枯竭。

　　如今，从敦煌驱车来到距市区 64 公里处的三危山下，就会看到一股清澈的泉水从山谷中涓涓而出。这股泉水俗称"吊吊水"，因水出自悬崖峭壁，所以又叫"悬泉"（图 73）。西汉时期在此设置的驿站，

图 73　山谷中的悬泉

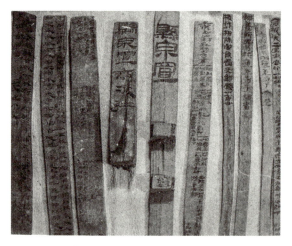

图 74　简牍中的"悬泉置""悬泉置亭次行"等字样

就叫"敦煌效谷悬泉置"（图 74）。

20 世纪 90 年代，甘肃省文物考古研究所对悬泉遗址进行全面的考古发掘，发现大规模的驿站等建筑遗址，并发现大量的汉简等重要的汉代文物，被称为 20 世纪 90 年代考古界的重大新发现。

悬泉置遗址现已发掘出土的各类文物达 3 万多件，其中内涵丰富的简牍多达 2.5 万余枚。其他文物如以质地计，有铜、铁、漆、木、陶、麻、皮毛、丝绸、纸张、粮食、兽骨 11 大类；如以用途计，有钢箭镞、五铢钱、铁木工具、农具、带钩、陶罐、陶碗、漆木耳杯、石砚、画板、草、苇、竹席、梳篦、皮鞋、麻鞋、玩具，以及大麦、小麦、青稞、谷子、糜子、豌豆、扁豆、黑豆、大蒜、杏核、苜蓿、桃核、马骨和大量毛色鲜艳保存完整的马头、马腿等；如以内容计，大致包括诏书、司法律令、官府文书、驿置簿籍、文化科技和其他杂类等，这些都反映了当时丝绸之路上政治文化和商业往来的繁荣景象。

三危山与被流放的犯人

　　三危山，位于敦煌市东南二十五公里处，隔大泉河与莫高窟毗邻相望。"三危"是史书记载中最早的敦煌地名，也是敦煌"第一圣境"，在地方志中被列为敦煌八景之首，被文人墨客称为"危峰东屹"。三危山东西绵延数十里，主峰隔大泉河与鸣沙山相望，史书记载三危山"三峰耸立、如危欲坠，故云三危"。

　　关于三危山的传说故事不少，如有神话说西王母曾住在这三危山上，并有三青鸟送信引路，现在山顶上还保存有民国时期修建的王母宫。不过，真正引人关注的是《尚书》等史书中关于"舜窜三苗于三危"的记载。

　　大约距今四千多年前，即尧、舜、禹时期，各部族之间，相互掠夺财物和人口的战争经常发生。在这种弱肉强食的形势下，各亲近部落自然结成部落联盟。尧、舜、禹作为中原部落联盟最强大的首领，经常对周围弱小部落发动征服性战争。

　　有征服就有反征服，如何对付被征服部族的反抗也就成了征服者的一大难题。流放，是其对付被征服者的办法之一。

　　据《尚书》记载："流共工于幽州，放骓兜于崇山，窜三苗于三危，
殛鲧于羽山，四罪而天下咸服。"其中的"三苗"，即是曾经生活在长江
流域"彭蠡之波""洞庭之水"的三苗部族，由于在与中原部落的战争
中遭遇失败，却又不服，时时反抗，"为政不善"，故被舜放逐到"三危"。

　　就这样，战败的三苗部族一部分成员作为"四凶"之一，从江淮地
区被押解到偏僻荒凉的大西北，流放到敦煌地区的三危山一带（图75）。
这些被流放的犯人，从此开始了新的生活，成为敦煌最早的居民，同时
亦为敦煌历史谱写了崭新的篇章。

　　自此，历朝历代都有一些犯人被流放到这里，融入敦煌的居民之

图75　三危山

中。如西汉时期，处于扼守河西、开发西域的战略需要，西汉王朝不断向敦煌大量移民，实行"屯田戍边"的政策。屯田分为军屯和民屯两种。军屯的主要劳动力是戍边士兵，民屯的主要劳动力是田卒、士兵、移民。大量的移民中，有一些是因犯罪而贬谪徙边的世家豪族，也有普通的贫民和罪犯。据史书记载，汉武帝晚年发生太子叛乱，随太子叛乱的兵士、将领、官吏，便都被流放到敦煌。

由此可见，西汉时的敦煌，聚集着来自中原各地的军人、犯人和亡命之徒，这使我们重新想起"窜三苗于三危"的故事，好像历史在不断地重演。实际上，各朝各代的一些"奸猾吏民"，正是社会中最有活力的一批人，他们不安于现状，勇者"奋而思斗"，智者"静而思谋"，于是被作为危险分子发配到边远地区开垦荒地，抵御外敌。

在敦煌历史上，曾有许多民族在这里居住和活动过，如匈奴、吐蕃、回鹘、党项、蒙古族等，不过，长期以来，陆陆续续从中原等地区迁徙而来的内地汉民族则一直是敦煌居民的主要成分，这种情况一直延续至今。当然，这些迁徙而来的人并非全是流放者，也有大量随军扩疆的家属或戍边而留下的兵士将领，还有许多因战乱或其他原因到此避难的各阶层，更有因历代王朝实边政策而来的一批批移民。

自"窜三苗于三危"以来，一批批移民，其"外来"基因具有的先天活力和长途跋涉途经各地时所学到的生产经验，影响了当地的民风民俗。他们是当时政治、经济、宗教、文化的携带者、传播者，他们像流动的血液一样，源源不断地为丝绸之路输送能量，是丝绸之路繁荣昌盛的推动者。

渥洼池畔设计捉天马

渥洼池为"天马"的故乡，位于敦煌市西南 70 公里、南湖乡政府东南 4 公里处，因邻近古寿昌城，又名"寿昌海""寿昌泽"。

自古以来，这里水草丰足，土地肥沃，禽鸟栖息，兽畜寄居，为理想的天然牧场和屯田佳地。据敦煌文献《寿昌县地境》载："寿昌海，源出县南十里。方圆一里，深浅不测，即渥洼池水也，利长得天马之所。"传说汉武帝时，有一名叫暴利长的人，原系朝廷命官，因得罪皇上被充军到此屯垦拓荒。他经常在傍晚时分看到有一群马来渥洼池饮水，其中领头的马与众不同，显然是一匹难得的神马。当时的汉武帝年轻气盛，好大喜功，在全国范围内寻找祥瑞，为自己的文治武功歌功颂德。暴利长在敦煌本来就不如意，也不想就此结束一生，于是，为了升官发财，为了迎合汉武帝的政治需要，受到汉武帝在全天下搜集祥瑞诏令的启发，就想把那匹神马以"天马"之名献给求名心切的汉武帝。

暴利长于是绞尽脑汁，终于想出了一个办法，首先用泥土把自己的像塑于群马常来喝水的地方，渐渐地那匹领头的马也就对暴利长的泥塑像习惯了，敢随意靠近，并来去自如。有一天，暴利长把泥塑像拆掉，换成自己一动不动地站立在原地，等群马经过时，出其不意用早已准备好的绳索套住了那匹领头的骏马。之后暴利长千里迢迢，把这匹良马进献给汉武帝，并谎称此马是从渥洼池泉眼跃出的神马。汉武帝见此马体态精壮，骨骼非凡，大为喜欢，认定此马是他最尊崇的太乙神赐给他的宝马，便起名为"太乙天马"，并乘兴作了《太乙之歌》："太乙贡兮天马下，霑赤汗兮沫流赭。驰容舆兮跇万里，今安匹兮龙为友。"大意是：太乙神赐给我的马是天马，跑起来流着赤色的汗和唾沫。放开驰骋可以超越万里，只有腾云驾雾的龙才配和它做朋友。从此，"渥洼池"同"天马"声名大振，并流传至今。

沧海桑田，昔日的渥洼池早已荡然无存。1932年，当地在古渥洼池之地筑坝蓄水，称"黄水坝"。1938年、1943年、1983年又陆续进行了几次大规模的扩建维修，蓄水库达200万立方米，昔日渥洼池今已成为沙漠中的绿色明珠。如今，这里独得一片清凉世界，顺水望去，但见远山迷离，烟霭云气，岸柳轻拂，芦苇婆娑，鱼虾遨游。每逢金秋，瓜果累累，桃梨满树，那红紫间绿的葡萄架似云如霞，而珠光玉色的李广杏更是诱人馋涎，为"天马"的故乡增添了无穷的魅力。

关于渥洼池，藏经洞出土《敦煌廿咏》中的《渥洼池天马咏》诗云："渥洼为小海，伊昔献龙媒。花里牵丝去，云间曳练来。胜骧走天阙，灭没下章台。一入重泉底，千金市不回。"

河西出良马，敦煌不仅有渥洼池所出天马，还有三危山老君堂出土的唐代天马砖（图76）。武威地区的"凉州大马"曾经"横行天下"，著名的雷台汉墓所出土的"马踏飞燕"，更是把汉代以来河西良马形象塑造得出神入化。

　　早在汉代以前，河西就是乌孙、月氏、匈奴等少数民族的天然牧场，这些少数民族善战，养马骑马是他们与生俱来的本领，因此河西自古以来就是良马的生息地。敦煌渥洼池出天马也不足为奇。

微信扫码
● 丝路起源
● 丝路兴盛
● 丝路重生

图 76　唐代天马砖

敦煌李广杏与飞将军李广

敦煌地处西北高原，属典型的温带大陆性气候，夏季日照时间长，昼夜温差大，其沙质土壤特别适合瓜果的生长，敦煌的瓜果味道特别香甜，是名副其实的瓜果之乡。李广杏可称为敦煌水果之王，每年七月是李广杏的收获季节。李广杏因其色泽黄亮、汁甜如蜜而享有盛名（图77）。

图77　敦煌李广杏

关于李广杏的来历，还有一段美丽的传说。相传西汉年间，飞将军李广率部西征，夏日炎炎，将士焦渴难忍。突然空中飘来一阵奇香，只见两匹彩绸自流云中飘下。李将军策马追去，拔出神箭射出，其中一匹彩绸应声落地，变成一片果实累累的杏林。众人争食，苦似黄连。李广愤然砍平杏林，次日清晨，却见杏林又枝繁叶茂，鲜嫩欲滴的黄杏令人馋涎欲滴。李广忍不住摘下一个咬了一口，顿时香入肺腑，将士们纷纷摘杏食之，顿觉精神倍增。原来，那两匹彩绸本是甜杏仙子和苦杏仙子，奉王母之命来救李广，她们只顾嬉戏，惹怒李广而射落了苦杏仙子。深夜，甜杏仙子找到了苦杏仙子，施展仙法，在苦杏树桩上接上甜杏树枝，最后结出了清香甘甜的黄杏。从此，敦煌人将这种黄杏子叫李广杏。

不过，有人认为从史书上看，李广在山西雁门关、陕西榆林、河北易县、内蒙古鄂尔多斯和阿拉善、宁夏灵武、甘肃平凉等地抗击过匈奴，似乎从未涉足河西走廊。因此，敦煌人民把一种果实冠名"李广"，应该是表达了当地民众对抗击匈奴的将领及其军队的敬仰，也可以说是一种惆怅。因为敦煌地处边陲，经常受到外敌的侵扰，希望能得到中原朝廷的保护。

据说，敦煌李广杏实际上是引自新疆和田一带的一种毛杏，经过长期人工培育，在敦煌形成的一个特殊品种。李广杏果实外形规正，近似圆形，果大赛李，果皮金黄色，色泽油光鲜亮，皮薄肉厚核小，味美汁多，香气四溢。李广杏含有丰富的矿物质和维生素，营养十分丰富。果肉可鲜食，也可制成杏干、杏脯、杏酱等，还可酿杏酒；杏仁可作为制糕点、冷食、糖果的原料。

杏树耐寒、抗旱，因此，李广杏树得以在气候干燥的敦煌绿洲茁壮成长。每年阳春三月，敦煌村野到处弥漫着浓郁的杏花香，真有"入村无处不花枝，远近高低路不知"的意境。

三危佛光与乐僔开窟

　　莫高窟第一个洞窟的诞生，似乎缘于一个偶然的事件：前秦建元二年（366年）某日，有位叫乐僔的和尚，手持锡杖，一路西行来到敦煌。黄昏时刻，太阳快要沉落在茫茫戈壁之中，乐僔此时身处三危山与鸣沙山之间的大泉河畔，他面对眼前的潺潺流水，似乎正想发一番人生感叹："逝者如斯乎！"蓦一抬头，只见对面三危山上金光耀眼，霞光万道，闪烁的光芒中，仿佛有千万身佛像显现……

　　乐僔，顿时被三危山的奇异佛光所震撼。他清楚地看到三危山金光中，显示的不是"天上地下，唯我独尊"的一身佛像，而是代表过去、现在、未来三世三劫千佛的千万身佛像。他清醒地感悟到，并非只有释迦才是佛，而是"众生平等，人人皆有佛性"，人人皆能成佛。

　　乐僔想："太子、国王能成佛，我这个游方和尚也能成佛；不仅我这个和尚能成佛，所有的平民老百姓都可能成佛。善哉，善哉！我要成佛！我要帮助一般老百姓也成佛！"

　　相信众生平等，相信人人皆有佛性，这就是由三危佛光撞击出的乐僔灵光。

　　乐僔长期云游四方，渴望找到一处适合自己坐禅修行的地方，眼前的自然环境，"实神秀之幽岩，灵奇之净域也。西连九陇坂，鸣沙飞井擅其名；东接三危峰，泫露翔云腾其美。左右形胜，前后显敞，川原丽，物色新。"真是一处修行宣教的好场所。

　　顺其自然，适应自然，融于自然，这便是成佛的途径，这便是"禅"。乐僔获此灵感，感觉到是佛在向他招引和暗示，他认为此地是佛教圣地，于是决意创凳建窟，立即在身后的鸣沙山崖壁上"架空凿险，造窟一凳"。这便是莫高窟第一窟的缘起。

　　其实，乐僔看到的景象是一种幻觉。在莫高窟夏天的傍晚，如果

图78　莫高窟北凉第268窟内景

天气晴朗，经常可以看到类似的情形：三危山在鸣沙山残阳的映射下，金黄一片，甚是壮观。

　　科学研究表明，原来在三危山的山体中，含有极其丰富的矿物质，包括钾长石、斜长石、石英、云母、磷灰石、角闪石等，其中云母矿物又包含有黑云母、白云母、金云母、绢云母等。云母含量很大，云母片又具有反光作用，因此金色的夕阳映射

过来的时候，含有不同矿物成分的山体表面自然会反射出奇异多彩的金光，反射光因天气的不同而产生不同的景象。而乐僔和尚，作为一名禅修高僧，心中时刻有佛，因此幻觉出现了"忽见金光，状有千佛"。这，既是"三危佛光"的秘密，同时也是乐僔在莫高窟开凿第一窟的缘由。

　　关于乐僔所开凿的洞窟是哪一个，目前尚难以确定，有推测可能是第 268 或 275 号洞窟（图 78）。其实，乐僔所开之窟究竟是否仍在，并不重要，重要的是乐僔所感悟的"众生平等"思想是否为广大民众接受，是否得到发扬光大，这一点倒是令人欣慰。君不见在尚存的 492 个洞窟中，随处可见历代绘制的大量反映众生皆有佛性的千佛图？君不闻莫高窟又俗称"千佛洞"？俗称，来自民间老百姓，正潜意识地反映了"众生平等、众生皆有佛性"的观念早已深入民众心中。

　　同时，为了纪念道行和功绩都"莫高于此"的乐僔和尚，人们又有意识地将该石窟群定名为"莫高窟"。

鸠摩罗什与白马塔

鸠摩罗什是东晋十六国时期后秦高僧、著名佛经翻译家。父亲鸠摩罗炎出身天竺望族，后来来到龟兹（今新疆库车）。罗什 7 岁跟随母亲出家，初学小乘经典。9 岁随母亲赴罽宾（今克什米尔地区）跟从槃头达多诵读杂藏、阿含等经。12 岁与母亲返龟兹途中，在疏勒驻留多年，修习阿毗昙及六足论，从大乘僧人、莎车王子须利耶苏摩诵读《中论》《百论》和《十二门论》，复从佛陀耶舍受读《十诵律》等。

罗什返回龟兹后，广习大乘经论，讲经说法，成为中观大师，名声大振于西域，在汉地也多有传闻。

相传前秦建元十八年（382 年），皇帝苻坚令将军吕光和姜飞率七万人马西伐龟兹，并嘱咐："朕闻西国有鸠摩罗什，深解法相，善闲阴阳，为后学之宗，朕甚思之。贤哲者国之大宝，若克龟兹，即驰驿送什。"吕光于 384 年攻破龟兹，在征服西域 30 余国后，请高僧鸠摩罗什同他一起东归传经。

据说，当行至敦煌时，鸠摩罗什夜晚梦见他所乘的白马托梦说，白马本是上界天骝龙驹，受佛祖之命特送他东行。现已进阳关大道，马将

图79　白马塔

超脱生死之地，到葫芦河将另有乘骑送他东行。次日醒来，果然白马已死去。当地佛教信徒遂葬白马于城下，修塔以纪念，取名"白马塔"。实际上，鸠摩罗什所骑的白马，是因长途跋涉过于劳累而病死的。

白马塔位于敦煌城西 2 公里处的七里镇白马塔村，在沙州古城遗址的南面约 1 公里处。

现存白马塔造型别致，古朴玲珑，塔身 9 层，高 12 米，直径 7 米，以土坯砌成，中有立柱，外涂以草泥、石灰。基层呈八角形，以砖包砌，每角面宽 3 米，第 2—4 层呈折角重叠形；第 5 层下有突出的乳钉，环绕一周，上为仰莲花瓣；第 6 层为覆钵形塔身；第 7 层为法相轮形；第 8 层为六角形的坡刹盘，每角挂一风铃；第 9 层为连珠式塔尖。整体塔呈明代佛塔建造风格（图 79）。

相传每年农历七月二十四日，即白马下葬的这一天，人们还能听到白马的萧萧长嘶。有诗叹曰："晋宋齐梁唐代间，高僧求法离长安。去人成百归无十，后辈曾知前辈难。云岭崎岖浸骨冷，流沙波浪彻心寒。当佛发愿前途进，往往将经容易看。"鸠摩罗什所骑的白马病死在敦煌，也反映了当时路途的艰险与求法传法的不易。

早在十六国时期佛教就在敦煌十分兴盛。像鸠摩罗什这样的高僧，声扬西域，也必然是敦煌僧俗心目中的高僧大德。罗什与敦煌有缘，其坐骑白马死在敦煌，当地百姓为白马建塔，实际上也是表达对高僧鸠摩罗什的敬仰。

真诚平等的和亲政策

公元 10 世纪，自朱温篡唐改国号为后梁起，中原北方像走马灯一样，在半个世纪内更换了五个朝代，环绕五代疆域还有十多个分裂割据的小国。以归义军为中心的各民族政权，不但能和睦相处，而且都是心向中原。

西北地区的安宁局面，应该归功于曹议金的和亲政策。为了和周边民族保持持久的友好交往，曹氏政权东结回鹘，西联于阗，用联姻通婚的办法与之修好。曹议金不仅自己做了甘州回鹘的女婿，并且还将一女嫁与甘州回鹘可汗为妻，一女嫁与于阗国王李圣天为妻。

今天，当我们走进莫高窟五代时期的洞窟时，就更能体会曹议金和亲政策的用心良苦。

莫高窟五代第 61 窟是曹议金之子曹元忠的功德窟，该窟东壁门南所绘的女供养人，是曹元忠的母亲和姐姐等人（图 80），画像顺序的排列，则体现了曹氏东结回鹘、西联于阗的根本政策。

如东壁南侧的女供养人，第一身着回鹘装，榜题是"故母北方大回鹘国圣天子敕授秦国天公主陇西李……"，这是曹议金的夫人。第

图 80　莫高窟五代第 61 窟东壁门南 女供养人

二身也着回鹘装，榜题称"姊甘州圣天可汗天公主一心供养"，这是曹
元忠的姐姐，嫁给甘州回鹘可汗为夫人。第三身头戴凤冠，饰步摇，着
汉式大袖襦，榜题称"姊大朝大于阗国大政大明天册全封至孝皇帝天
皇后一心供养"，这也是曹元忠的姐姐，嫁给于阗国王李圣天为皇后。
第四身也着汉式大袖襦，榜题称"故慈母敕授广平郡君太夫人宋氏一
心供养"，这是曹元忠的生母广平宋氏。

　　这四位女供养人的排列，很能反映曹氏的外交政策。如果不是出
于政治的需要，按常理而论，广平宋氏应排在第一位。因为宋氏是曹
议金的原配夫人，又是窟主曹元忠的生母，对"甘州圣天可汗天公主"
和于阗皇后来说，广平宋氏即使不是亲生母亲，也是母亲一辈的长者。
可是，她却被排在第四位，站在女儿辈之后。这说明此时曹家在对待
回鹘、于阗的关系上，采取的是联姻、尊敬、礼让的态度。

　　又如莫高窟五代第 98 窟东壁门南所绘的于阗国王李圣天像，高

图 81　莫高窟五代第 98 窟东壁　　图 82　莫高窟五代第 98 窟东壁　于阗国王皇后
于阗国王供养像　　　　　　　　曹氏供养像

2.6 米，高鼻大眼，蝌蚪式八字胡，头戴汉式冕旒，上饰北斗七星，身穿衮龙袍，其服饰与中原帝王相同（图 81）。于阗国王身后的皇后，即曹议金之女，头饰凤冠，穿回汉混合装（图 82）。榜题分别为"大朝大宝于阗国大圣大明天子……即窟主""大朝大于阗国大政大明天册全封至孝皇帝天皇后曹氏一心供养"。

图 83　莫高窟五代第 98 窟东壁　回鹘公主供养像

这些榜题中首先以"大朝"冠之，可见于阗国王与皇后时时都不忘自己管辖的地方政权是中央朝廷统治下的一部分。所穿戴的龙袍、凤冠等服饰也是其心向中原的表露，由此也可见于阗等地方政权与中原地区的密切关系。

这一时期，于阗、龟兹、吐蕃、甘州回鹘、吐谷浑、党项等各族政权经常不断遣使臣向中原朝廷入贡。在敦煌遗书中，我们也经常看到归义军致甘州回鹘的信里有"其天使般次，希垂放过西来"，说明中原朝廷也不断有使臣前来。如此现象，出现在10世纪的中国，尤为可贵。须知，此时中原正值分崩离析的五代十国，再后又是积弱不振的北宋。而河西乃至西北地区有这样的安宁局面，一方面缘于归义军政权始终和中原地区保持联系，另一方面则应归功于曹氏的和亲联姻政策。

五代第98窟东壁门北第一身女供养画像，即曹议金夫人，也就是甘州回鹘可汗的女儿李氏。画面中回鹘公主头戴凤冠，两鬓抱面，身穿回鹘装，裙裾曳地，榜题："敕受开国公主是北方大回鹘国圣天可……"（图83）。在五代第100窟中有曹议金夫人回鹘公主身穿茜色大袍，头戴毡笠骑在马上。

这位甘州回鹘可汗的女儿李氏，嫁到敦煌后不仅被尊称为天公主，同时还被尊称为"国母"。曹议金在和甘州回鹘联姻之前，已经娶有索氏、宋氏两位夫人，前者为原归义军节度使索勋之女。但是，出于政治上的需要，回鹘公主李氏的地位居于曹议金结发妻子索氏之前，她不仅被称为"国母"，而且在莫高窟供养人画像中，回鹘公主李氏也赫然位于其他夫人之前。另外，在五代第100窟中，与曹议金一道出行的，也是回鹘公主李氏（图84、图85）。

图 84　莫高窟五代第 100 窟 曹议金出行图

图 85　莫高窟五代第 100 窟 回鹘公主出行图

　　回鹘公主在敦煌生活的三十余年间，经历了曹议金及其子曹元德、曹元深三位节度使执政时期，她在敦煌生活的时期正是敦煌地区佛教再次盛行的时期。这一时期，回鹘公主积极参加敦煌的佛教活动，并利用敦煌佛教将曹氏家族的成员笼络在一起，同时也参与归义军世俗政权对敦煌佛教的监督和管理。她还将自己与曹议金生的女儿回嫁给甘州回鹘圣天可汗为妻。这位回鹘公主，对于敦煌地区的安宁起着不可忽视的作用。

　　如果从中国传统观念角度看，将回鹘公主位列于曹议金的前两位夫人之前，似乎有些不平等，但从国家与国家的关系来看，曹议金与甘州回鹘、于阗国王的和亲联姻应该说是真诚平等的，真正有利于这些地区的安定团结。

哈密瓜万里朝贡运京城

　　哈密瓜，又名雪瓜、贡瓜。维吾尔语称"库洪"，源于突厥语"卡波"，意思即"甜瓜"。哈密瓜有"瓜中之王"的美称，果实大，味甘如蜜，奇香袭人，以哈密所产最为著名，故称为哈密瓜（图86）。

　　享有盛名的哈密瓜，历史上就是哈密各族人民引以为豪的地方特产。有诗云："午梦初回微渴后，嚼来真似水晶寒"，"玉浆和冷嚼冰松，崖蜜分甘流齿牙"。当哈密瓜被定为献给清廷的贡瓜后，古人又写下了"圣世安边开万里，年年瓜贡渡芦沟"。

　　两百多年前，在交通还十分落后的情况下，向京城运送一趟哈密瓜也得几十天时间。尽管如此，古人为了使哈密瓜走出瓜乡，让远在京城的皇帝能够享用到色如琥珀，味甜如蜜的哈密瓜，采用了种种保鲜办法。

图 86　哈密瓜

公元 1696 年，哈密维吾尔首领额贝都拉率先摆脱准噶尔统治，清廷为表彰额贝都拉的忠诚与功绩，便册封额贝都拉为一等扎萨克达尔汗，为世袭哈密统治者。1698 年，清廷派理藩院郎中布尔赛到哈密编设旗队，额贝都拉设盛宴款待。席间，布尔赛品尝哈密甜瓜后，赞不绝口，深感这甘美脆甜的哈密瓜风味独特，是百果中的珍品，建议额贝都拉能设法运往京城让皇上、大臣一尝。额贝都拉为感谢圣恩，欣然赞同，说："哈密瓜九月收获，贮入暖窖，可放至次年开春鲜味不变，只要轻摘轻放，小心包装，运至京城估计问题不大。"就这样，哈密瓜作为贡品便定了下来。

为了办好这件事，额贝都拉在二堡、三堡、五堡、回城、花园、小南湖、大南湖领地首先选定了贡瓜地，把一些种瓜有经验的"瓜把式"作为专门种瓜户，按传统方式管理和生产哈密瓜。并挑选耐贮运的晚熟哈密瓜品种，在瓜熟六七成时便选摘下来送王府包装起运。另外挑选甜而不腻的早熟哈密瓜品种晾制成瓜干，然后送王府备为贡品。

那么，哈密瓜具体是如何进贡到京城的呢？

一是"马拨"驰送。清朝各驿站，设有军台和营塘，驻有军队，另外，每站还有马拨。马拨，就是专门在各驿站饲养往来马匹的马夫。每天到规定时刻，马拨子便将喂好的马，鞴好鞍鞯，戴好辔头，牵到大路边等候，驿骑身背公文或贡品，飞马到跟前，翻身下马，又纵身上马，扬鞭而去。如要进贡哈密瓜，那就得增加驿骑和马匹，哈密瓜用竹筒和木匣装好，换人换马，昼夜不停地运送。

二是骆驼驮运。清光绪年间的进士、翰林院编修宋伯鲁，路过哈密时赋诗一首："龙碛漠漠风抟沙，胡驼万里朝京华。金箱丝绳慎包匦，使臣入献伊州瓜……"从这首诗可以看出，进贡哈密瓜，先将瓜包好，再用"金箱丝绳"装好，一站一站，驮送至北京。

三是马车运送。贡品哈密瓜用马车运至甘肃界，甘肃的各州、府、县便派民夫、马匹、车辆等，一站一站地接送，昼夜不停。经陕西、河南、河北到北京，沿途州县民夫，稍有懈怠，即被鞭打，一路累死马匹不计其数。

清宫后来还下令："哈密年班朝贡每年十月二十日以前抵肃州，十二月二十日以前抵京。沿途各省地方官到境即为应付车马，催令起程，不得有误。"对哈密瓜的进贡则更有了改进和严格要求。清人纪昀《阅微草堂笔记》中有这样的介绍："然贡品亦只熟至六分有奇，途向封包闭束，瓜气自相郁蒸，至京可熟至八分。"

又有诗云："上林珍果靡不有，得之绝域何其遐。金盘进御天颜喜，龙章凤藻为褒嘉。"清朝皇帝吃了哈密瓜龙颜欢喜，所以贡瓜年年不断。直至清末宣统年间，"圣主体恤藩臣，恐途长道远，解运维艰，不以口腹累人，罢之"。就这样，通过漫漫丝绸之路向清廷贡瓜的制度才告终止。而今，哈密瓜在当代先进交通工具的运载下，不但可以更快更好地销往全国，而且已走出国门，誉满全球。

能将人和车都吹飞的风穴

许多文献中都记载了新疆哈密、鄯善、吐鲁番一带的风穴，称这些地方是"风灾鬼难之域"。(图87—图89)

如纪晓岚《阅微草堂笔记》中记载，在今鄯善、吐鲁番地区，"有风穴在南山，其大如井，风不时从中出。每出，则数十里外，先闻波涛声，迟一二刻，风乃至"。狂风的风流宽度，大约三四里，如果能躲跑得快，或许能避开风流；如果躲不及，则将"众车以巨绳连缀为一"。当狂风吹来时，这些连缀在一起的车辆被风吹得摇摇晃晃，"如大江浪涌之舟"。假若是单独的一辆车，"则人马辎重，皆轻若片叶，飘然莫知所往矣"。风的方向，最初"皆自南而北"，数日后则"自北而南"，"如呼吸之往返也"。

《阅微草堂笔记》中还记载，某日中午，昌吉地区"有一人自天而下"，原来这是一名被大风从二百余里之外的特纳格尔（吉木萨尔）吹来的犯人。这名犯人叫徐吉，据徐吉说，他被大风吹走时，感觉"如醉如梦，身旋转如车轮，目不能开，耳如万鼓乱鸣。口鼻如有物拥蔽，气不得出，努力良久，始能一呼吸耳"。

祁韵士的《万里行程记》中也有关于风穴的记载，说是在哈密地区

图 87　鄯善一带的风口

图 88　鄯善一带的风力发电

的十三间房一带，途中"有风穴，古谓之黑风川，有鬼魅为祟……最险处也，行人往往被风灾。当飞沙走石之际，或碎人首，或径吹去无踪。千斤重载之车，掀簸立尽，并车亦飞去，只轮无及者"。

这些记载并非空穴来风，据说这类现象在 20 世纪 60 年代还发生过，当时，阿勒泰地区吉木乃县邮电局副局长白开孝，就曾被风从吉木乃的喀拉焦刮卷到布伦托海西边草场（引自钟兴麒等选

图 89　吐鲁番一带的风口

注《历代西域散文选注》，新疆人民出版社 1995 年版，第 151 页）。两地之间至少也有一百多公里。

这些年来从电视报道中看到，吐鲁番地区的火车在行驶中也偶尔被大风掀翻，可见其风力之大。

凿河治水的昌邑公主

西汉时期，著名大将李广利有一个妹妹嫁给汉武帝为妻，史称李夫人。李夫人生有一子叫刘髆，汉太始四年（前93年）汉武帝封刘髆为昌邑王。汉武帝死后，他的另一个儿子刘弗陵继承皇位，史称汉昭帝。昭帝曾把昌邑王刘髆的一个女儿封为昌邑公主嫁给鄯善王，从而引出一段昌邑公主凿河治水的历史佳话。

鄯善原名楼兰，它是西域三十六国中最东边的一个小国，离汉朝

图90　楼兰城出土的轮制陶器

图91　楼兰城出土的木柱础

最近，距阳关一千六百里，距长安六千一百里。有居民一千五百七十户，一万四千一百多人。(图90、图91)地域被流沙占去大半，地多盐碱，因此耕地面积很小，百姓吃用的粮食，不得不到邻近国家去租种田地，或者靠买粮过日子。牧业比较发达，有驴马，盛产骆驼。当时此地为"丝绸之路"的咽喉，处于十分重要的战略地位。

汉昭帝时，楼兰王勾结匈奴，劫杀过往使臣，堵塞东西交通。当傅介子除掉这一祸患之后，西汉朝廷就立楼兰贵人尉屠耆为国王，并取长期友善之意，改国名为鄯善。

当时尉屠耆正在长安，送他回国之前，他向昭帝请求说：鄯善国都为扜泥城(今楼兰遗址)，离王城不远还有一座伊循城(今名阿不旦)，其地土质肥美，希望汉朝派军队到那里屯田积谷。一旦有事，也好有所依仗。昭帝为了满足他的心愿，就派出一名司马，率领四十名吏士前往屯田。与此同时，昭帝为了进一步巩固与鄯善的友好关系，又把昌邑公主嫁给鄯善王尉屠耆做王后。

出嫁前，昭帝问她要什么陪嫁，她说："我生于帝王之家，身为金枝玉叶，此去异国小邦，并非去享受荣华富贵，因此我不想要什么金银财宝、绫罗绸缎，我只恳请吾皇陛下挑选几名精通地理、娴熟水利的能工巧匠让我带走，那就是朝廷给我的最好陪嫁了。"昭帝听罢连连点头赞许。

昌邑公主一到鄯善，就亲自率领能工巧匠去野外勘测荒原田地，观察地形地貌，每日风餐宿露，披星戴月。一连忙了几个月，总算准备就绪了。接着她又调来屯田的吏士和鄯善百姓一起，开始划线凿河修渠。由于鄯善国小人少，财力单薄，工程较大，费时较长，干了两三年，工程的进度才到一半，可是国库已经快要空虚了，昌邑公主为了不使这条河渠的开凿半途而废，她慷慨解囊，把她的全部私人积蓄拿出来作为水利建设经费。

当这项工程进行到第六个年头的时候，眼看就要竣工了，昌邑公主由于长年累月地操劳，积劳成疾与世长辞了。不久，这条河渠终于完工了，它就是今天的库鲁克河，"库鲁克"译成汉语就是"干河"。从此，鄯善国的人民过上了自给自足的美好生活。当时的鄯善老百姓，为了感激她的恩德，就把这条河命名为"昌邑公主河"。

当时在民间流传一个美丽的传说，昌邑公主是天上的积水星下凡，当她完成了一件功德之后，又回到天上去了。每当夜晚，她总是以深情的目光凝视着鄯善。

公主巧藏蚕桑种子传入于阗

中国的养蚕缫丝技术大约是 4 世纪逐渐传到中亚、西亚等地的。由于古代中国的养蚕法长期以来都对外保密，所以关于蚕桑技术的外传也就留下了许多有趣的记载。

唐玄奘去天竺（今印度）取经回国途中，于贞观十八年（644 年）春夏之交到达了于阗（今新疆和田）。他在《大唐西域记》称于阗为瞿萨旦那国，书中介绍这个国家"周四千余里，沙碛太半，壤土隘狭。宜谷稼，多众果。出氍毹、细毡。工纺绩绝绸。又产白玉、黳玉。气序和畅，飘风飞埃。俗知礼义，人性温恭。好学典艺，博达技能。众庶富乐，编户安业。国尚乐音，人好歌舞。……伽蓝百有余所。僧徒五千余人"。

接着，玄奘记载了"蚕种西传"的故事，说是在瞿萨旦那国王城东南五六里处，有一处叫作"鹿射"的寺院，是这个国家的先王妃所建造的。过去，这个国家的人不懂得如何种桑养蚕，听说东国人有蚕桑，就派遣使者去求蚕种和桑种。但当时东国的国王秘而不赐，严令边关禁止蚕种和桑种出口。于是，瞿萨旦那王想了一个巧妙的主意，用谦卑的言辞和厚重的礼物向东国的公主求婚。正好这时东国的国王有"怀远之志"（想向西扩张土地），就答应了瞿萨旦那王的请求。

到了迎娶公主的时候，瞿萨旦那王告诉迎娶的专使说，你告诉东国的公主，我国素来没有丝绵和桑蚕之种，她可以把蚕桑种子带来，以便将来为自己做衣服。公主听了专使的话，就秘密弄了一些蚕桑种子，然后放在自己的帽子里面。

到了边关，到处都搜查了，唯有公主的帽子无人敢搜查。蚕桑种子就这样被带到了瞿萨旦那国，放在离王城五六里一个叫"鹿射"的地方。阳春伊始，就开始种桑，养蚕的季节来临，他们就开始采养。刚开始，桑叶不够，蚕还要吃一些杂树叶子，不几年，便桑树连荫，蚕宝遍地。公主就下令刻石为制，颁布了严格保护蚕桑的戒令，不许伤杀桑蚕。待到蚕蛾飞尽，才能剥茧抽丝。"敢有犯违，明神不佑"，为此专门在鹿射这个地方建造了寺院，供奉最早的桑树和蚕种。玄奘途经此地时，还拜谒过这个寺院，在寺院里也看见了那几株最早的枯老桑树。当时，于阗人把这位王妃尊称为"蚕桑公主"。

这个脍炙人口的故事还见于藏文《于阗国记》，这部书中把"东国"解释为中国，娶公主者为于阗王尉迟舍耶，时间相当于公元220年。不过，唐以前中国史书似乎没有将公主嫁于阗的记载，仅唐天宝年间于阗王尉迟胜"入朝献名马良玉，玄宗以宗室女妻之"，但时间远在故事传诵之后。为此，有学者考证东国之君可能是鄯善王，说是鄯善西与于阗为邻，东面便是中原，而且鄯善王还是中国外甥，所以可能较早拥有蚕桑。20世纪初，有人在鄯善的遗址中，发现了公元4世纪前的古老桑树，证明鄯善种植桑树很早，确有可能西传蚕桑。

图92　于阗丹丹乌里克佛寺出土 蚕种丝织西传图

　　1900 年冬天，斯坦因在于阗丹丹乌里克佛寺遗址中（今和田策勒县达玛沟乡正北 120 余公里处）发现了一块可能是公元 7 世纪的木板画。画板上共描绘了四个人，中间绘一个盛装的贵妇，头戴宝冠。她右侧一位侍女左手高举，伸出食指指向这位头戴宝冠、身份显贵的女子，似乎在说：这宝冠中有什么东西？这个侍女右手下垂，手臂上还挎着一只装满蚕茧的篮子。头戴宝冠的贵妇左侧，坐着一位男子模样的神人，头有光环，四只手臂。男子结跏而坐，四只手中，一只手平置，三只手各执一件器物，看起来有些像剪刀、纺锤和锥子。男子左侧绘一位侍女，坐在一架织机旁，手执纺织工具，织机上布满经线。这块木板画中描绘的正是蚕种西传的故事（图92）。

　　在于阗丹丹乌里克佛寺遗址中，另外还发现了一块公元 4—6 世纪的《蚕种丝织西传图》木板画。这块木板画高 34 厘米，宽 13.5 厘米。画面分为三层，描绘了蚕种丝织西传的情景：上层画一神像结跏而坐，中层画一贵妇将双手放在一木盆里，木盆下面有一罐，贵妇前面跪着一侍女手拿剪刀、绢布；下层画一贵妇端坐，一侍女正用右手指着贵

妇的头冠（图 93）。

　　画面中的贵妇，即故事中的公主，来自东国。虽然不能确定玄奘《大唐西域记》中所说的东国究竟是当时的鄯善国还是中原，但故事中要说明的一点很清楚，养蚕和纺织丝绸的技术是从于阗东方的某个国家传来的。因此如果追溯到最后，这个国家指的一定是今天的中原地区。蚕种西传的故事发生在今天的和田地区，也并非偶然。因为古代的于阗或者说瞿萨旦那国，自古以来都是古代丝绸之路上的一个非常重要的国家。

图 93　于阗丹丹乌里克佛寺出土蚕种丝织西传图

帮助于阗人战胜匈奴人的神鼠

　　唐玄奘《大唐西域记》中记载了一个老鼠帮助于阗人战胜匈奴人的故事。

　　相传有一年，匈奴数十万大军西进，欲吞并于阗，就在老鼠居住的鼠壤坟（俗称鸽子墓地）旁屯军驻扎。当时于阗国仅有兵力几万，难以抵挡匈奴大军。于阗国王素知沙漠有神鼠，所以摆设祭品，焚香求助于神鼠。

　　当夜国王梦见一只大鼠对他说："敬欲相助，愿早治兵，旦日合战，当必克胜。"国王得知有神鼠保佑，便命将士天亮前出发，长驱直入突袭敌兵，打得匈奴军队措手不及，惊慌失措，匆忙披甲骑马迎战，不料马鞍、军服、弓弦、甲链和系带都被老鼠咬断，匈奴军队完全失去了战斗力。于阗军队势如破竹，大获全胜。国王为感激神鼠大恩，就建造神祠来祭祀，以求福佑。从此往后，鼠神成了古于阗国供奉的神灵。

　　在今和田的丹丹乌里克废墟里曾出土的一块木板画中，画着一个鼠头半身人像，头戴王冠，背有椭圆形光环，坐在两个侍者之间，这幅画描绘的就是曾经拯救过于阗古国的鼠神（图94）。

图 94　鼠神木板画 策勒县丹丹乌里克出土　约 8 世纪

　　另外，瓜州榆林窟唐代第 15 窟前室北壁，画一天王赤裸上身，头冠高耸，发披两肩，双目圆睁，右手持宝杵，左手握着一只口含宝珠的神鼠（图 95、图 96），此天王即北方毗沙门天。唐宋之际，毗沙门信仰盛极一时，这里把护法克敌的北方天王与鼠联系在一起，是大有深意的。毗沙门天是于阗国奉祀的保护神，于阗国最初就得到毗沙门天的帮助。因而，外敌攻打于阗就是触犯毗沙门天，神鼠助战于阗国就是保卫毗沙门天。实际上，神鼠是毗沙门天的助手和合作者。

　　西域特别是于阗一带，沙漠之鼠以数量多、体格大、毛色奇而著称，被赋予一种神灵的光环，受到僧俗的崇拜和敬畏。《西域诸国志》中便记载："有鼠王国，鼠大如狗，着金锚，小者如兔，或如此间鼠者。沙门过不咒愿，白衣不祠祀，则害人衣器。"《新唐书》中也记载："（于阗）西有沙碛，鼠大如猬，色类金，出入群鼠为从。"此外，《异苑》《述异记》等文献中，也有"西域有鼠国，大者如犬，中者如兔，小者如常"，以及"大鼠头悉白""带金环枷"的记载。《异苑》中还特别强调："释道安昔至西方，亲见如此。"由于这位东晋僧人亲临见证，更给西域神鼠蒙上了一层佛教色彩。

图 95　榆林窟唐代第 15 窟前室北壁
手握神鼠的天王

图 96　榆林窟唐代第 15 窟前室北壁
手握神鼠的天王（局部）

一场将城市埋没的沙尘暴

　　在唐玄奘《大唐西域记》中，记载了一个有关沙尘暴的故事。

　　据说，释迦在世时，优填王造了一身檀木雕立像，高有两丈余。佛涅槃后，这尊像凌空而飞，从印度一直飞到曷劳落迦城（古楼兰城）的一块高地上，便停留在那里了。

　　这时，曷劳落迦城的人"安乐富饶"，却"深着邪见"，看见这尊从天而降的佛像虽然感到奇怪，但并"不珍敬"，"传其自来，神而不贵"。没有人关心这尊像的来历，也没有人保护管理，任凭风吹雨淋。

　　有一天，来了一位光头赤脚的罗汉，身上穿着破布衣服。他来到像前倒地便拜，口中还念念有词，非常的虔敬。有人立即将此情景报告给国王，国王知道后，非常生气，认为此罗汉跑到这里来礼拜这样一尊来历不明的木头像，肯定是异端邪人，于是下令让人用沙土泼洒此人。

　　很快，当地人用沙土泼满了罗汉的全身，还不准任何人给他水和食物。当时，曷劳落迦城有一人看见这个情况"心甚不忍"，他最初看到此木像飞来本城就感到非同一般，曾多次来礼拜此像。他很是同情罗汉的遭遇，于是偷偷给他送来水和吃的。

罗汉缓过气来后，准备离开此地时，对救助他的这个人说："七天以后，天降大沙雨，曷劳落迦城将遭沙土填埋，任何人都不可能存活。你要设法尽快离开这里，其他用沙土泼洒我的人，必会遭此殃祸。"罗汉说完此话，便忽然不见了。

此人觉得此事非同小可，就迅速将罗汉说的话告诉亲朋好友，但是所有的人都嘲笑他，说他胡说八道。更奇怪的是，第二天"大风忽发"，街上的尘土都被吹得干干净净，天上还下雨似的降下各类奇珍异宝，人们就更不相信他的话，说他散布谣言。

但此人对罗汉的话深信不疑，于是悄悄在城中挖了一条地道，直通城外。第七天果

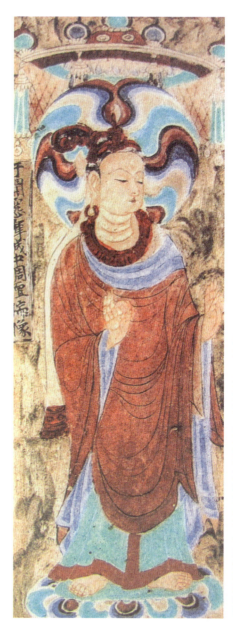

图 97　莫高窟中唐第 231 窟西壁龛顶　于阗媲摩城瑞像

然天降大沙，全城尽埋，只有此人从地道逃出。他一个人向东逃走，来到于阗媲摩城，那尊木像也飞来媲摩城。从此以后该像成了当地的保护神，全城人经常去礼拜供养。

而曷劳落迦城（楼兰城）后来变成了一个大土丘，周边有一些国家的人知道这里曾经是一座富有的城市，就前来挖掘，试图获取财物。但刚走到土丘旁侧，便"猛风暴发，烟云四合，道路迷失"。

这些有关风沙的内容，实际上应该是当时于阗地区沙尘暴的一种真实记载。

莫高窟中唐第231窟等洞窟描绘有于阗媲摩城瑞像的画面，画面中一端立之佛像，戴花冠，着袈裟，两臂屈置于胸前，旁侧有榜题："于阗媲摩城中雕檀瑞像。"（图97）

护卫西域，班超有勇有谋

班超，扶风平陵（今陕西兴平）人。哥哥是著述《汉书》的大史学家班固，妹妹班昭也是我国历史上著名的史学家。班超自幼熟读诗书史册，聪颖不在兄妹之下（图98）。

当时匈奴经常进犯汉朝边境，使北方各郡不得安宁。班超非常羡慕张骞、傅介子出使

图 98　班超塑像（敦煌博物馆）

西域所建的功业，当窦固奉命出击匈奴时，班超就随军为假司马（代理司马），屡立战功。窦固看到班超很有才，就派他去联络西域各国，共同抗击匈奴。

公元 73 年，班超带着随从三十六人，出关后，第一站首先来到罗布泊附近的鄯善国（楼兰）。起初，鄯善王对他们很欢迎，但没有多久，态度突然变得疏远冷淡。班超一琢磨，觉得其中一定有变故，于是和

部下商量说:"鄯善国王对我们的冷淡,可能是匈奴的使者也来了。鄯善是小国,叫匈奴一威胁,自然害怕,我们应该替他们解除顾虑。"班超说完就把服侍他们的鄯善人叫来,故意诈他说:"匈奴的使者已经来了好几天了,现在他们住在什么地方?"侍者一听大为吃惊,以为班超全都知道了,就照实说了,果然匈奴使者及士兵一百多人到达鄯善已数日。

当天夜里初更时分,等人们都熟睡之后,班超带领三十多个随从,轻装蹑足去偷袭匈奴使臣。恰好,这天夜里刮大风,他便吩咐十个人拿着鼓躲藏到敌人营帐后面,并约定:见火起,立即擂鼓大声呼喊。其余人都手持枪矛弓箭,埋伏在营帐大门两侧。布置停当,顺着风向,放起火来。火借风势,一瞬间烈焰冲天,同时鼓声、喊杀声齐鸣。匈奴人从梦中惊醒,乱作一团。匈奴使者被杀,其余人死的死,逃的逃,班超大获全胜。

第二天,班超将匈奴使者的人头呈示给鄯善国王,鄯善国王被班超一行人的智勇所震慑,表示臣服汉朝。班超将此事奏报东汉朝廷,朝廷晋升其为军司马,正式任命为汉使,负责处理与西域各国的事务。

不久,班超又奉命出使于阗(今和田),同行的仍然是原来的三十多人。此时丝路南道诸国中,于阗国比鄯善国大,匈奴派有使者监督其国政。班超来到于阗后,于阗王对待班超等人的礼节既不周到,也不尊敬。

于阗国王崇信巫术,而巫师受了匈奴使者的指使对汉朝造谣中伤,说:"天神已经发怒,问为什么要接待汉使。汉朝使臣带来一匹黄色鬃毛黑嘴马,这是一个大祸害,必须把它杀掉祭祀才能免去灾难。"

这匹马便是班超骑乘的爱马。于阗国王便派人向班超要马，班超知道这是巫师受了匈奴人的指使，便一口答应说："好吧！为了不至于把马牵错了，让巫师自己来认吧。"过了一会儿，巫师果然来了，班超等他走近，立即就把他的头砍了下来，然后提着去见国王。于阗国王一看，天神并没有怪罪班超，感到特别惊奇。班超当场戳穿了匈奴人的阴谋，于阗王听后恍然大悟，于是派人杀了匈奴的使者，表示归顺汉朝。

第二年春天，班超一行人离开于阗前往疏勒（今新疆喀什）。这时，疏勒的国王被龟兹王所杀，由龟兹人兜题为国王。龟兹（今新疆库车）与匈奴串通一气，阻断东汉从北道进入西域。班超一行来到距兜题所居的槃橐城只有90里时，派随行田虑去招降兜题，说：兜题不是疏勒人，疏勒人必然不听从他的命令，如果他不归降，就把他抓起来。果然，田虑来到槃橐城后，兜题见田虑瘦弱，并没有把田虑放在心上。田虑见劝降不成，就乘其不备，将其捆绑起来，并派人报告班超。班超召集了疏勒的文武官员，说明来意，重新扶立原疏勒王的侄子揄勒做国王，得到疏勒上下的一致拥护。为了显示汉朝的恩威，班超将兜题释放了。

永平十八年（75年），汉明帝去世，匈奴重新派骑兵攻入西域，联合焉耆、龟兹一同攻打并杀死了西域都护陈胜。龟兹和姑墨也不断发兵攻打疏勒，班超困守在槃橐城，与疏勒王互相呼应，坚守了一年多。汉章帝即位后，因中原地区连年灾荒，东汉政府决定撤走都护及戊己校尉，并下令班超回京。西域各国担心匈奴卷土重来，疏勒和于阗的人民都不肯放他走，甚至哭着抱住马腿跪着挽留他。班超只好勒马返回疏勒，并采取果断措施，迅速平定了叛乱，使疏勒很快得以安定。

班超在西域期间，表现出非凡的雄才大略，直到公元 94 年，他又率军攻入焉耆、危须、尉犁诸国，西域全境再一次统一于汉朝。此时，迟暮之年的班超才上书要求返乡。公元 102 年，鬓发皆白的班超终于回到阔别 31 年的洛阳。不久，便病逝了。

班超，为丝绸之路的复通和西域人民的安宁奉献了自己的一生，他是继张骞通西域后，为维护祖国统一和东西方文化交流做出重大贡献的杰出历史人物。

"坎儿井"起源的传说

到了吐鲁番，在城镇的街道和村庄周围，经常可以看到清澈的渠水，欢腾奔流。如果你沿着这些水渠向上游走去，它又会悄然遁入戈壁沙滩之下，成为一道道地下暗渠，四季长流不息。这就是古老的坎儿井。

坎儿井是一种结构巧妙的特殊灌溉系统，它由竖井、暗渠、明渠和错现（小型蓄水池）四部分组成。在高山雪水潜流处，寻其水源，于一定间隔打一深浅不等的竖井，然后再依地势高低在井底修通暗渠，沟通各井，引水下流。地下渠道的出水口与地面渠道相连接，把地下水引至地面灌溉农田。

坎儿井给酷热干旱的"火洲"带来生命之水，带来瑰丽多姿的景象。有人说，坎儿井可以与长城、大运河媲美，并称为我国古代三大工程。或许这种说法有些夸张，但它确实不愧为我国伟大的水利工程之一。

那么，坎儿井起源于何时？分布在哪些地方呢？据说，不仅新疆许多地区有，向东，我国的甘肃、陕西地区也有；向西，中亚的伊朗、土库曼斯坦、乌兹别克、高加索等地区也有。坎儿井分布的地区，正处在当年沟通东西方经济文化的丝绸之路上。围绕着丝绸之路，关于坎儿井，流传着三种说法：一说它是由内地传入，然后由这里传向中亚一带；一说认为坎儿井的技术先见于中亚，以后随着丝绸之路逐渐东移的；而更多的人认为，坎儿井是新疆各族人民根据所处的自然地理特点，一代人一代人用聪明才智和辛勤劳动创造出来的。

持第一种说法的人，依据我国史书上的材料。《史记·河渠书》中有这样一个故事：汉武帝时，有一位名叫庄熊罴的人上书武帝刘彻，建议开凿龙首渠，引洛河水灌溉大荔平原（今陕西大荔县）。他说，如果渠修成了，就可以把一百多万亩盐碱地改造成亩产十石粮的肥美良田。武帝采纳了这一建议，下令征调一万多民工，动手修渠。可是，自澄城（今陕西澄城县）引水至商颜山（今名铁镰山）下时，由于傍山的渠岸经常崩塌，渠水无法通过。庄熊罴便带领民工，先在山上测出渠道要经过的路线，沿着这条线凿出一眼眼直井，再把各井从地下挖通，使之成为一条和山两侧的地面渠道相衔接的地下渠道，渠水就从这地下渠道流过山去，到达大荔平原。这种"井下相通引水"的输水技术，后来随着丝绸之路的发展，和西汉王朝大量迁徙内地人民到西北边疆从事屯垦，渐渐传到新疆。

另一种说法是流传在吐鲁番盆地维吾尔族群众中一个寻找水源的故事：从前，有一个年轻的牧羊人，赶着羊群来到吐鲁番。他顶着漫天黄沙，四处找寻水草丰茂的地方，可是迎接他的却是一片干旱。年轻的牧羊人并不灰心，他长途跋涉，四处寻找，找呀找呀，终于找到一处绿草茵茵的洼地。洼地里长满茂盛的牧草，只是不见水的影子。年轻的牧羊人心想：绿草和清水是一对分不开的情人，看到了草，就一定能找到水。可是，他从太阳出来找到月亮升起，还是没有找到一滴水。眼看着羊群即将干渴而死，牧羊人心急如焚，于是便动手在绿草地上往下挖。当他挖到二丈深时，水像珍珠似的从地下涌了出来。这就是比甘露还甜，比美酒还香的天山雪水。从此，生活在"火洲"的各族人民，便学着牧羊人的样子，掏泉眼，挖暗渠，开凿成一道道坎儿井。因此，许多人认为，坎儿井既不是由中原传来，也不是从波斯或埃及传来，而是古代新疆各族劳动人民的独创。

　　不管怎样，坎儿井确确实实是一种结构巧妙的特殊灌溉系统，是我国伟大的水利工程之一，这一点是毫无疑问的。

玄奘与高昌王结义兄弟

唐玄奘从瓜州玉门关偷渡到伊吾（今新疆哈密）后，高昌王麹文泰听说了，便立即派使者远迎玄奘到高昌（今新疆吐鲁番）。玄奘接受了麹文泰的一番盛情，前往高昌国。

去高昌国前，玄奘法师已经是一位学识渊博、誉满京城的佛学大师，因此，迎接他的仪式非常隆重，把他敬如上宾。玄奘被安排在一间重阁宝帐中住下，麹文泰亲自张罗玄奘的起居饮食，安排停当后才离开。

第二天早上，还没等玄奘起床，麹文泰又携王妃及大臣们在帐下等候拜见。

麹文泰在他母亲的主持下，举行了盛大的礼仪，与玄奘结为兄弟。麹文泰的一片肝胆赤心，感动了玄奘。他决定留下来，用一个月的时间，在这里传教讲经。

玄奘在高昌国讲经的日子，是高昌国佛事最兴盛的时期。高昌王常常带着妃子、大臣去听玄奘讲经说法。玄奘手持《仁王般若经》，每天讲经说法时，高昌王麹文泰都手持香炉亲自迎候，并跪下为阶，让玄奘踩着他的身体就座。上千名僧人，听经吟诵，佛教的香烟弥漫在高昌国上空。

当时，高昌是一个以佛教立国的国家，除国王外，还设有国师。麹文泰见玄奘学识渊博，见解深湛，便一心想把玄奘留下来，当他的国师，辅助他治理国家。但玄奘坚辞不受，为了表示西去求法的决心，竟四日不食，以绝食明志。高昌王苦留不住，最后不得不放行，临行时赠送黄金百两、银钱三万、绫绢五百匹、马三十匹，足够玄奘往返二十年所需。又命二十五人相随，还写了二十四封通行文书致西域各国，请沿途诸国提供方便。另外还约了许多商人与玄奘同行。

一切安排就绪，等到玄奘上路那天，国王麹文泰偕王妃阿史那氏，率领满朝文臣武将和全城百姓送至郊外，依依不舍，挥泪送别。

在高昌王的帮助下，经焉耆、龟兹、跋录迦（今阿克苏），从凌山（即别迭里山口，也有人认为是粟克托尔山隘）进入天山北麓。凌山是西域丝路中翻越天山的重要孔道，这里长年冰天雪地，山路崎岖，玄奘一行在山里艰难地走了七天，高昌王所派护送的人有三分之一在途中冻死，牛马冻死得更多。过了山，他们到了大清池（今伊赛克湖），沿湖南岸西北行到了素叶城（今碎叶城）。当时此地是西突厥叶护可汗的地盘，叶护可汗是麹文泰王妃阿史那氏的亲哥哥，因此玄奘一行在这里得到了隆重接待。等到玄奘离开素叶城时，叶护可汗又派人护送，并赠绢五十匹。当时西突厥控制着中亚许多地方，因为有西突厥的人护送，所过之处无不殷勤接送，大开方便之门，最后终于到达了印度的王舍城那烂陀寺。

　　玄奘西行印度取经，前后 17 年，行程 5 万多里路，历经 130 多个国家，终成一代高僧。玄奘从印度学成回来后，本来可以不走沙漠，从海道返回唐朝，但他心里一直惦念着麴文泰，仍取道北路，翻雪山，涉流沙，回归中原，履行他们之间当年的约定。遗憾的是，当玄奘走到于阗国的时候，听说高昌王国已归属大唐而为西州，麴文泰也已长眠于九泉。他暗拭泪水，只好从于阗直接回到了长安。

与汗血宝马媲美的焉耆马

　　说到宝马良驹，很多人只知道当年的大宛国有号称"天马"的大宛马，却很少有人知道焉耆马也是久享声誉的优良马种。那么，为什么说焉耆马能够与汗血宝马相媲美呢？

　　这还得从一段神话传说讲起。焉耆马有"龙驹""海马"之美称，神话传说中讲的正是"龙驹"和"海马"的故事。

　　相传，在遥远的古代，在焉耆这个地方有一个博斯腾湖（神话中称之为西海），掌管西海的西海龙王有三个儿子，他们的心地都非常善良，常常扶贫济困。

　　有一年，焉耆地区的火神发了威，很长时间都不曾下过一滴雨，土地干得裂开了巨大的缝，马羊吃的牧草也都枯萎了，由于没有吃的喝的，人和牲畜饿死了不少。西海龙王的三个儿子不忍心看着焉耆人就这样悲惨地死去，于是背着父亲，把西海中的水吸到焉耆的上空，骤然之间，焉耆的上空风驰雷鸣，哗啦啦地下起大雨来。仅仅用了一昼夜，三位龙子就用西海中的水帮助焉耆解除了旱灾。

　　但是，这件被焉耆人看来是天大的好事却触犯了天条。因为天条规定，天空、海洋、大地是分属不同的界，天上的神仙、海里的龙王都不应该过问人间的事情，所以，尽管龙子帮助人间干旱的地区降雨是做好事，但违反了天条，是要受到处置的。三位龙子因此被贬为马，放逐到焉耆这个地方。据说《西游记》中的白龙马形象正是来源于这个传说。

龙王之子所化的神马，与凡马代代交配繁衍，焉耆从此到处都是这种龙子和普通马杂交生出来的后代。由于这些马是龙王之子的后代，焉耆人又把这些马称为"龙驹""海马"。

这当然只是神话。但事实上，说焉耆马是"龙驹"，是因为它善于奔驰。一匹好的焉耆马，每天可跑 300 公里。古时，驿站从新疆往北京传递消息，用的是每天 1200 里的加急传递，奏报五六天必须到达北京，而皇帝的命令也必须五六天传到焉耆。当时用的就是几十匹焉耆马接替传递，保证了奏报、旨意传递的时间。因此，焉耆马闻名天下，被称为"龙驹"。而且，焉耆马勇于爬山，善于涉水，走过一遍的路一辈子也忘不掉，就像龙一样有灵性、聪明。

而之所以称焉耆马为"海马"，是因为焉耆马还善于游泳。一般情况，焉耆马游上二三十公里都不成问题，而且还能驮着主人一起游。据说，焉耆马游泳的姿势十分美丽，就像一条龙在水中飞跃，由此人们称其为"海马"。

另外，焉耆马善于在博斯腾大冰滩上行走奔跑，拉车载人。冬天的焉耆地区，博斯腾湖会整个封冻，形成的冰滩被当地人称为大海子冰滩。别的马在这种冰滩上行走，必定摔倒，寸步难行，而焉耆马却能健步如飞，绝不会摔倒，更能在冰上赛跑，拉车拉爬犁，拉载几百斤重车。

长期以来，焉耆马就以耐走、快捷、灵活、平稳等特性在中原和西域享有盛名。它体质坚实，较蒙古马秀丽，毛色有骝毛、黑毛、粟毛等。焉耆马的身架紧凑适中，马头秀美，马眼炯炯有神，马胸发育宽深适度，腹形端正良好，四肢长而壮实，蹄形小而善奔驰。

焉耆马因为常常在沼泽地里选择嫩草，在泥坑里跳跃觅食，从小就拔开了四条腿筋，长大奔跑起来步履轻捷平稳。有的幼驹出生后自然会走对侧快步，故有"胎里走"的说法。

焉耆马特别适于农耕和运输，骑乘速度亦佳，以走马著称。骑乘速度测验记录为：1公里用时1分23秒，5公里用时8分23秒，50公里用时2小时48分。最大挽力平均为400公斤。单马拉胶轮大车，载重1600公斤，可日行30公里。成年马负重80公斤，日行70余公里。负重100公斤，日行60公里左右。

焉耆之所以能够存在2000年之久，焉耆马发挥了巨大的作用，正是由于焉耆马能奔善游，所以使得焉耆人在面临侵略的时候，即使打不赢也跑得赢，总不至于全军覆没。或许，这就是焉耆千年不亡的最大奥秘。

克孜尔石窟的"千泪泉"

古代龟兹，包括今拜城、库车、新和、沙雅四县，"东西千余里，南北六百余里"，是丝绸之路上的一个佛教中心，这一带的石窟建筑宏伟，壁画丰富多彩，其中以克孜尔石窟规模最大。

在克孜尔石窟的后山有一股清泉，人们称为"千泪泉"，这股清泉与石窟的开凿有一段凄美传说。

相传，龟兹国有一位美丽的公主。一次偶然的机会，公主遇见了一位聪明能干的小石匠，两人一见钟情。小石匠知道自己的身份根本配不上公主，可是，公主漂亮的外表和善良的心地，都让小石匠难以释怀。而公主不管身份地位，非小石匠不嫁。于是，两个人约定终身。

国王知道了这件事后，非常生气。自己的千金女儿怎么能够嫁给一个地位低下的石匠呢？于是，极力反对这门亲事。可是，如何才可以打消小石匠与公主在一起的念头呢？

此时，国王身边的大臣轻声给国王说了几句话。国王听后大为高兴，连声夸道："这个主意不错。"

于是，国王派人将小石匠叫进了王宫。国王问小石匠，你愿意娶我的女儿吗？小石匠一听边磕头边说，草民愿意娶公主为妻。国王笑道："好，你既然想娶公主为妻，就得表示你的诚意，为了公主，你愿意到山里开凿一千个洞窟吗？"小石匠心想，只要今生能够与公主在一起，干什么都可以。于是，他答应了国王，表示愿意去山里开凿一千个洞窟。国王又说："等你什么时候将一千个洞窟开凿好了，我就将公主嫁给你。"

为了能够娶到自己心爱的女人，小石匠扛着工具走进了大山，日夜不停地一个一个地开凿洞窟。当凿到九百九十九个洞窟的时候，小石匠突然感觉胸口剧痛，一股热流直冲嗓门，一张嘴，鲜血喷洒在地上，终因疲劳过度而心衰力竭，累死在山中。

公主闻讯赶来，悲痛不已，伤心得泪如雨下，最终忧伤而亡，与恋人一起化作比肩而立、紧紧拥抱的山峰。公主的泪水也化作了一股股泉水，长年不竭，后人称之为"千泪泉"。

千泪泉如今还在，流淌于克孜尔石窟的后山。一道水声淙淙的溪涧，把人引入幽僻狭窄的山坳。山坳尽头，被一座数十米高的半弧形陡崖挡住去路，三面石壁如削，"泪"就是从这山壁的半中腰流下来，滴滴答答，无停歇（图99）。

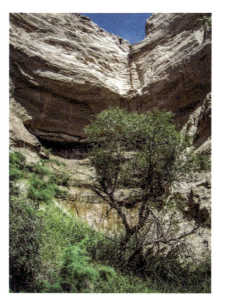

图 99　千泪泉

图 100　克孜尔石窟第 38 窟东壁 天宫伎乐

神奇的是，龟兹音乐的产生也与这"千泪泉"有关。大概是环境深邃、幽静，容易产生共鸣的缘故，据《佛说十力经》和《宋高僧传》记载，在克孜尔石窟后山，从那布满青苔的悬崖间滴落下来的泉水，自然地滴流成音，为此当地每年都有人到这里来，"采缀其声以成曲调"。唐代宫廷乐伎演奏的西域名曲《耶婆瑟鸡》，最初就是在千泪泉边产生的。而"耶婆瑟鸡"，就是千泪泉所在的山名。

古代西域音乐除了龟兹乐外，还有高昌乐、疏勒乐、于阗乐、悦般乐等，但史籍对龟兹乐评价最高，如唐玄奘在《大唐西域记》中说龟兹国"管弦伎乐，特善诸国"。

龟兹乐器有羯鼓、腰鼓、鸡娄鼓、短笛、大小觱篥、拍板、长短箫、横笛、方响、大铜钹、贝等，克孜尔石窟壁画中有大量生动形象的描绘（图 100）。

第一位出塞和亲的细君公主

　　说起出塞和亲，人们都知道王昭君的故事，其实早在公元前 105 年，就有一位汉室公主远离故乡，远嫁到"去长安八千九百里"的乌孙国（今伊犁河上游流域）。

　　这位公主就是汉江都王（扬州）刘建之女刘细君。

　　刘建是江都王刘非的儿子，刘非与汉武帝刘彻是同父异母的兄弟。在汉景帝平定"七国之乱"时，刘非曾英勇参战，立下赫赫战功，是一位忠诚的皇室成员。刘非死后，儿子刘建继承了江都王的爵位。刘建继承爵位之后为所欲为，竟然图谋造反，私制玉玺、绶带、兵器、地图等。

　　刘建的所作所为败露后，自缢身亡。因此，刘细君的母亲也受到株连，被处以死刑。

　　当时，刘细君只有 5 岁。刘细君悲惨至极，同时她又幸运至极。她因为年纪幼小而被赦免，并且由于她是皇亲贵族，被接到王宫中抚养。

　　刘细君容貌出众，天赋过人，既擅长琴棋书画，又精于吟诗作赋，深受汉武帝怜爱。

　　刘细君远嫁乌孙，是同张骞通西域的历史事件联系在一起的。

西汉时期，伊犁河流域是当时西域最强大的乌孙国的游牧地。汉武帝为了彻底击败西北边塞的匈奴，采纳张骞建议，用厚重的贿赂招引乌孙，同时下嫁公主，与乌孙结为兄弟，这样就可"断匈奴右臂"，共同夹击匈奴。汉元狩四年（前119年），汉武帝任命张骞为中郎将，率副使、将士三百余人，携带大量的金、帛和牛羊，出使乌孙、大宛等地。张骞到了乌孙，要求乌孙王臣服于汉，以防匈奴，并答应把汉公主嫁给他，作为结盟的条件。然而，乌孙对汉朝不甚了解，加之归属匈奴已久，态度犹豫不决。

直到公元前115年，张骞回国，乌孙才派使者数十人，随同来汉朝察看情况。乌孙使者回国后，盛赞汉朝的广大和富庶。乌孙看到了汉朝的强盛，同时又惧怕匈奴报复性的侵略，于是自动地结好于汉，遣使献马，表示愿意和亲，结为昆弟之交。

元封年间（前110年—前105年），乌孙向汉朝廷献上良马千匹，作为汉家公主的聘礼。于是，一纸诏书改变了细君一生的命运。元封六年（前105年），汉武帝封细君为江都公主，下嫁乌孙国王昆莫猎骄靡（又作昆莫或猎骄靡）。

于是，年仅16岁的细君前往乌孙和亲。出嫁那天，汉武帝给刘细君以厚礼相赠，自己还亲自将江都公主送出宫门，并派随从官员、乐队、工匠、侍女、护兵等数百人，携带大量金银珠宝、绫罗绸缎等嫁妆，浩浩荡荡远赴乌孙。

和亲队伍到了乌孙后，受到国王猎骄靡的热烈欢迎。刘细君从小成长在王宫，皮肤洁白细腻，容貌倾国倾城，气质高贵，受过良好的教育，知书达礼，乌孙臣民都引以为乌孙国的骄傲。他们亲切地称细君为"柯木孜公主"（意思是皮肤白净美丽像马奶酒的公主）。

　　匈奴得知乌孙与汉结盟，唯恐乌孙被汉朝拉过去，也照样把自己的女儿嫁给猎骄靡。猎骄靡不愿得罪匈奴，就以细君为右夫人，以匈奴女为左夫人。乌孙与匈奴的习俗是"尚左"，即"左"高"右"低。

　　刘细君是一位非常成熟的女性，为人处世十分老到。她到了乌孙以后，即开始进行政治活动，"自治宫室居，岁时一再与昆莫会，置酒饮食，以币帛赐王左右贵人"，在乌孙国的上层社会巧为周旋，用汉武帝所赐丰厚嫁妆与礼物，广泛交游，上下疏通，很快就使乌孙上下渐渐对汉朝产生了亲近之情。

　　乌孙王猎骄靡虽然不愿得罪匈奴，但也很怜惜这位体质柔弱、性格内向的汉家公主。尤其是虽然江都公主有意抗衡匈奴公主，但终究地位有别，常常受到匈奴公主欺压。因此，猎骄靡有意将江都公主嫁给自己的孙子军须靡，以保证江都公主将来的地位。

　　按照乌孙的风俗习惯，兄弟可以和寡嫂结婚；儿子可以和非亲生的寡母结婚；甚至祖父尚在，孙子也可以和后祖母结婚。当时，乌孙王猎骄靡年岁已老，准备让他的孙子军须靡娶江都公主为夫人。这个不合汉家传统礼仪的决定，无疑使细君忐忑难决，她未立即表态，只是说："容妾思之。"在万般无奈的情况下，她上书武帝，陈述猎骄靡的决定和自己的心情，请示应如何处理。当时西汉正想联结乌孙共同对付匈奴，武帝就命细君顾全大局："从其国俗，欲与乌孙共灭胡。"收到武帝的回信，细君便向猎骄靡表态："愿听安排。"

　　在为孙子主持了婚礼之后，一代豪杰猎骄靡不久就去世了。由于猎骄靡的儿子早已先他而去，因此，孙子军须靡继承了乌孙王位。

　　一年后，细君为军须靡生下了一个女儿，因为身体羸弱，心中悲苦，思乡成疾，再加上产后失调，不久就病死在了乌孙。

刘细君是西汉遣外番的第一位刘姓皇室宗室女，不仅比昭君出塞早了72年，而且是皇室真正的金枝玉叶，被后世誉为"第一位名传史册的和亲公主"和"和亲公主中的第一位才女"。

作为汉朝与乌孙的第一个友好使者，细君公主积极联络乌孙上层贵族，使乌孙与汉朝建立了巩固的军事联盟，初步实现了联合乌孙，遏制匈奴的战略目标。其功绩不亚于"凿通西域"的张骞。细君公主也是中原地区先进文化西传开端的使者，她和随嫁的汉族将士、宫女、工匠等是最早进入西域的汉人，并将汉文化带入西域，推动了西域社会经济的发展。

成为乌孙国母的解忧公主

　　江都公主死后，乌孙和汉朝的关系蒙上了一层迷雾。如果这层迷雾不及时清除，极有可能让刚刚打开的汉乌友好局面毁于一旦，更重要的是，北方的匈奴必然会借汉乌关系破裂的机会大举讨伐乌孙，到时后果不堪设想。

　　作为昆莫猎骄靡的孙子，军须靡继承了他祖父的作风，敢作敢为、雷厉风行。于是，在江都公主死后不久，军须靡就派出使者到汉朝提亲。为了维持与乌孙的关系，汉武帝答应了军须靡的请求，再选一名公主出嫁西域。这一回，汉朝选择的是解忧公主。

　　解忧公主，即刘解忧。她出身皇族，是七国之乱之一的楚王刘戊的亲孙女，汉高祖刘邦的小弟楚元王刘交的玄孙女。汉景帝三年（前154年），刘戊参与同姓诸王的"七国之乱"，兵败身亡。从此，刘解忧和她家人长期受猜忌和排斥，落入无法扭转的苦难之中。

　　解忧公主的身世和江都公主几近相同，但解忧公主不像江都公主那样多愁善感。解忧公主从小就性格开朗，聪慧乐观，能够坦然接受命运的安排，一颗女儿心中有着不输须眉的勇敢和刚强。对于汉武帝的和亲政策，解忧有着充分的理解，既为汉室子孙，理当为国分忧，"正是男儿驰骋时，羡煞红颜"，所以刘细君的遭遇没有吓倒解忧。汉武帝一封诏书，刘解忧慷慨远赴西域。

解忧公主到达乌孙后，她也和江都公主一样，依旧被封为右夫人，与左夫人匈奴公主同侍军须靡。

解忧虽然自幼生长在宫闱，但她千里迢迢来到乌孙之后，很快就适应了草原上的游牧生活。她喜欢骑马，并学会了打猎。她常常穿着乌孙服饰，皮衣革履，头戴孔雀翎羽帽，身穿貂皮狐裘，肩披狼尾，骑着骏马，和乌孙王一起带着随从巡视部落。她对乌孙人畜的繁衍、政务的盛衰都极为关心。她知道乌孙的兴旺，直接关系到汉朝与乌孙共同抗击匈奴的成败。

由于解忧公主和匈奴公主同侍军须靡，解忧心里清楚，谁更得宠，将影响着乌孙与汉和匈奴哪边的关系更亲近，两个女人争的不仅仅是一个男人，更是一个王国。然而在开始的较量中，汉家公主还是落了下风。也许毕竟是风俗人情相差太远，解忧难以很快进入状态，几年下来一无所获，而匈奴公主却生了一个儿子，取名泥靡，成为王位继承人。

眼见乌孙日益亲匈奴而远汉。正当此时，转机出现了，国王军须靡病危了。军须靡自知将死，见儿子泥靡年纪实在太小，就立下遗嘱，让自己的堂弟翁归靡继承王位，等到泥靡长大后，再将王位归还给他。军须靡不久去世，翁归靡继承了王位，这位国王身宽体胖，号为"肥王"。肥王从旧俗，依旧娶了匈奴公主和解忧公主为左右夫人。

或许是渐渐进入了状态，又或许是与肥王情投意合，解忧公主再嫁后终于站稳了脚跟，很快与肥王共生了三个王子：元贵靡，万年，大乐、以及两位公主：弟史和素光，成了名副其实的乌孙国母。此后的数十年间，翁归靡对待解忧公主关怀备至，言听计从。乌孙与汉之间书信、人员往来不断，相亲相爱，同进同退，与匈奴则日益疏远。在这期间，汉朝的西北边疆安然无事，与西域各国的交往日益频繁密切，丝绸之路繁荣一时，汉朝的威仪和影响进一步远播天山南北，西域诸国都争相与汉交好。

解忧在乌孙的风光和乌孙的亲汉激怒了匈奴王庭，在不断施压均无效果、几次出面干涉都不欢而散的情况下，匈奴单于终于发兵威胁，要求乌孙交出解忧公主，断绝与汉朝的一切往来。

翁归靡犹豫了，解忧公主既是乌孙的国母，又是汉朝的公主，把解忧公主交给匈奴，难保汉朝不会兴师问罪。

乌孙人再一次站在了命运的十字路口。就在这个关键时刻，还是解忧公主站了出来，她鼓励乌孙人：顽强反抗，不能屈服。并且，为了配合乌孙抗击匈奴，她还写信给刚刚即位的汉宣帝，请求娘家出兵共同征讨匈奴。辅政大将军霍光审时度势，当机立断，出兵十五万，兵分五路与乌孙共击匈奴，并派校尉常惠前往乌孙帮助作战。大概是曾经汉朝的大将军卫青、霍去病等给匈奴的打击太刻骨铭心了，匈奴人根本就没敢和汉军正面交锋，一路向西北溃败，乌孙军队正好以逸待劳，在半路上截杀。匈奴人迅速败下阵来，人员损失四万人，牛马羊及骆驼损失七十余万头，从此一蹶不振，汉代北方边疆得到了一个较长时期的安宁。

匈奴的大败使得解忧公主在乌孙国的威望空前高涨。翁归靡更是上书汉朝，请求为自己的长子元贵靡再迎娶一位汉家的公主。汉宣帝随即封解忧公主的侄女刘相夫为公主，让她在长安上林苑居住，学习乌孙语言、习俗，为成为未来新的乌孙国母做准备。

　　然而好景不长，就在汉朝送公主下嫁的队伍行至敦煌还未出塞的时候，乌孙国传来噩耗，肥王翁归靡病逝。翁归靡在世时，立解忧生的长子元贵靡为王储，他又即将娶汉家的公主为妻，如果娶到了，一切也就顺理成章了，可就差那么一点点。而按照上一代国王军须靡的遗愿，王国是属于匈奴公主所生的王子泥靡的，翁归靡只是代管，将来还是要交还给泥靡的，现在翁归靡已死，这位默默无闻了几十年的王子终于不甘寂寞了。

　　或许是因为泥靡更名正言顺一些，又或许是因为元贵靡还显年轻，不够有力，总之在这场较量中，汉朝的外孙不敌匈奴的外孙，乌孙贵族最终推举泥靡当了新国王，号称"狂王"。西汉朝廷见元贵靡没能成为国王，立刻召回了一直在敦煌观望的公主刘相夫，单方面取消了婚约。这样一来，在乌孙的解忧公主陷入了更加孤立无助的境地，汉和匈奴在乌孙的势力此消彼长，发生了重大的改变。政治似乎就是这么残酷，一场变革之后，汉在乌孙的影响，汉和乌孙多年的亲善交往，解忧在乌孙多年努力经营的成果，似乎一夜之间就付诸东流了。

　　为了遵从乌孙习俗，更为了维护汉在乌孙的势力，解忧公主毅然做出决定，再嫁狂王泥靡。泥靡大概是因为从小被压抑，饱尝孤独冷漠的滋味，性格残暴凶狠，统治乌孙倒行逆施，搞的全国上下怨声载道。不用问，狂王和解忧公主夫妻也不合，虽然公主为狂王生了一个儿子鸱靡，情况也没有丝毫的改善，时常剑拔弩张。向来聪慧刚强的解忧公主决不会坐以待毙，尤其在经历了数十年和亲岁月的磨炼后，智慧和胆识都比狂王高出一等，更不会坐视一生心血化为乌有。

　　经过分析，解忧认为狂王的倒行逆施，众叛亲离已经达到相当的程度，采取行动除掉他的时机已经成熟。她便利用匈奴公主与翁归靡所生的儿子乌就屠对狂王的不满，联合出使乌孙的汉朝使者，为狂王摆下了"鸿门宴"。席间派人拔剑刺杀狂王，可惜剑刺偏了，狂王负伤骑马逃走。

　　随后，狂王迅速带兵返回，将解忧公主和汉朝使臣包围在乌孙都城赤谷城。幸亏汉朝西域都护府发兵解围，将参与刺杀的使臣押回长安斩首，再派使臣张翁前往审理此案，安抚狂王，才求得暂时和解。

　　公元前53年，乌就屠带兵杀死狂王泥靡，同时他阻止解忧的儿子元贵靡继位。后经多方协调，乌就屠同意和解，接受汉朝的安排，元贵靡为大国王，统治六万户，乌就屠为小国王，统治四万户，双方分而治之，暂且相安无事。

　　后来，解忧公主的二儿子万年做了莎车国的国王，三儿子大乐做了乌孙的大将军，大女儿弟史嫁给龟兹王绛宾，小女儿素光嫁给乌孙若呼翕侯。这些子女在乌孙、莎车和龟兹，地位都非常显要，他们都遵照母亲的教导，维护乌孙与汉朝的关系。甚至解忧公主的孙子星靡、重孙雌栗靡做乌孙王的时候，也一直保持着和汉朝的友好关系。

　　解忧公主年迈，遂上书汉朝皇帝："年老思土，愿得归骸骨，葬汉地。"天子甚表同情，派人接之归长安。解忧遂于宣帝甘露三年（前51年）与孙男孙女三人回到汉朝，此时解忧公主已经七十岁了。约两年后，解忧公主就与世长辞，走完了"乌孙国母"传奇的一生。

中国历史上的第一位女外交家：冯嫽

在西汉王朝，解忧是对外和亲公主中唯一的一位参与军国大事的一品夫人。而她的智谋，大多来自她的陪嫁侍女——冯嫽。

冯嫽是我国有史记载以来，第一位杰出的女外交家。她熟知历史，精明能干，由于出身微贱，只能以解忧公主的陪嫁身份来到乌孙。但实际上，她承担的是解忧公主的政治顾问的重任。

冯嫽生性聪慧、知书达礼、善写隶书，与解忧公主相互慰勉，立志安居乌孙，不负使命。冯嫽常驰马牧场，出入毡帐，只用几年时间，便已通晓西域的语言文字及风俗习惯。

冯嫽本是随解忧公主出嫁的侍女，可由于她知书达礼、能言善辩、沉着稳健，到乌孙后不久就被乌孙右将军看中，并嫁给他为妻，冯嫽从此得以踏入乌孙国贵族阶层。

西汉王朝曾经授命她以解忧公主的身份，作为钦差大使，持汉旌节、驾锦车，遍访天山以南的三十多个西域诸国。当时，她已年过半百，仍不辞辛苦地翻雪山，越大漠，历严冬，冒酷暑，以使者身份斡旋于西域各国之间。她每到一处，都受到上上下下隆重而热情的礼遇。

她为各国排忧解难，讲礼仪，说道德，向各国国王赠送礼品，宣扬汉朝教化。她大方谦恭，善于辞令，与人交谈时连翻译都不用。她被乌孙上层乃至西域各国贵族尊称为"冯夫人"。她的出访，对于增进西域各国对汉朝的了解，促进西域都护府的建立，都起到了良好的推动作用。

后来，当乌孙内部发生权力纷争时，西域都护委托她出面调停。作为汉人，冯嫽不希望亲匈奴的乌就屠当上乌孙国王；作为乌孙大将军的妻子，冯嫽也不希望自己的丈夫被娘家人打败。于是冯嫽夫妇就从中斡旋，进行说和。不久，汉宣帝知道了这件事，非常关切，为了弄清真相，就把冯嫽召回长安，亲自听她的汇报，并征求她对这场纠纷的处理意见，特任命她为持节正使，由竺次、甘延寿充任副使，陪她回乌孙去妥善查处。

回到乌孙，冯嫽立刻向乌就屠传达了汉宣帝的诏令，并当面向乌就屠阐明了三个观点：

一、现在西域形势复杂，如果乌孙和汉朝开战，周边国家肯定会趁火打劫，到时，乌孙就将陷入多边交战的境地，结果恐怕对乌孙非常不利。

二、汉朝西域都护府军事力量强大，和他们开战凶多吉少，一旦打败，乌孙就有灭国的危险。

三、即使乌孙这一次打败了西域都护府的大军，但是，汉朝像西域都护府大军这样的军队比比皆是，如果败了，汉朝会派更庞大的军队进攻乌孙，到时乌孙还扛得住吗？

冯嫽的话可谓头头是道，乌就屠没有理由反对。乌就屠于是问冯嫽有什么对策。冯嫽又向乌就屠提供了三个对策供他选择：

一、因为这场战争乌孙国注定会失败，所以建议立即退兵并停止内乱，宣布退位。解忧公主是汉人，她自然会替乌就屠向汉朝说情，这样一来，乌就屠即使当不成国王，但还能够保住性命。

二、因为解忧公主的长子元贵靡是汉朝的外甥，如果乌就屠支持元贵靡做国王，汉朝一定会退兵，到时，乌就屠还可以继续做小王。

三、立即向西域都护府大军投降，并接受汉朝处置。

一心想做国王的乌就屠最终选择了第二个对策，支持元贵靡做国王，自己当小王。冯嫽三句话就令乌就屠退位的故事很快传到汉朝，闻讯后，汉宣帝大为震惊，立即召回冯嫽，并授予她汉朝使臣的身份，代表汉朝对元贵靡和乌就屠分别颁发印绶。就这样，一场大战避免了，汉朝与乌孙又重归于好。但从此以后，乌孙国也就分成了大小两国，大乌孙国由元贵靡统领，小乌孙国由乌就屠统领。

甘露三年（前51年），解忧公主的大儿子和小儿子都先后病死，她非常思念故土，遂上书请求回归故土。汉宣帝考虑到她大半生身居异域，为国操劳，有功于汉室，便派人将她和冯嫽一起接回长安，并均以厚禄优礼相待。两年后，解忧病逝，以公主之仪安葬。

解忧的大儿子元贵靡死后，他的儿子星靡代立，为乌孙大昆弥。由于星靡年幼，尚无力执掌国政。冯嫽对此很不放心，便给皇帝上书，请求返回乌孙辅佐星靡。当时，正值汉宣帝驾崩，汉元帝即位。元帝考虑到西域的安全，虽然不忍心让七十多岁的一位老妇人出使，但由于冯嫽情真意切，一片赤诚，只好应允准奏了。

初元元年（前48年），老态龙钟的冯嫽，又精神抖擞地第三次走上了丝绸之路。在一百多名汉军官兵的护送下，重返乌孙。乌孙的臣民听说她回来了，许多人骑马跑出几百里远道迎接。她回到乌孙后，白天，协助星靡和大臣们一起处理国政；夜晚，披星戴月，不辞辛劳地教星靡学习经史，向他讲授做仁君的道理。冯嫽就是这样为国、为民、为大汉社稷，在荒僻的边疆，耗尽了她的大半生心血，和乌孙人民同呼吸共命运度过了她传奇而灿烂的一生（图101）。

图101　冯嫽（引自网络）

帕米尔高原上的公主堡

在塔什库尔干县城以南约 70 公里处，古丝绸之路咽喉地段卡拉其峡谷一座海拔 4000 多米的高山上，有一座充满传奇色彩的古代城堡。

这座位于帕米尔高原的城堡，当地塔吉克人称它为"克孜库尔干"，意为"公主堡"。它前临奔腾咆哮的塔什库尔干河，背后是高耸入云的雪峰。

唐玄奘在《大唐西域记》中，记载了他在取经归来，路过当时的揭盘陀国（即现在的塔什库尔干）的时候，国王向他讲述的故事。国王自称他与汉人有血缘关系，称其祖先是"汉日天种"。《大唐西域记》中所记载的故事，与在当地塔吉克族中流传的大同小异，而后者则更细腻、更富有传奇性。

在很久以前，西域波利斯（即波斯）国王做了一个梦，梦见一位美丽的少女，雍容华贵，犹如天人，自称是来自东方太阳升起的国度。国王醒来，从此不忘梦中人，就派了两名大臣，向着太阳升起的方向前去求亲。两名大臣跋涉万里，来到中国，见这里的人们衣饰相貌，正与国王梦中所见略同。于是他们拜见中原皇帝，献上求亲书信。中原皇帝被远方国王的赤诚之心所感动，就许嫁了公主，并派了一批男女侍从跟随回国。

两位大臣护送公主远嫁途中，突然遇到前方匪乱，道路被阻。为了保护公主的安全，大臣和侍从们就近找了一个陡峭的山岗，筑起城堡宫室，把公主安顿在上面，大臣侍从们就在山下守卫。为保万无一失，任何人都不能上山，每天的饮食专门用一根绳子吊上去。

过了几个月，匪乱渐渐平息。护亲使者恭请公主重新启程，这时却发生了一件令人难以置信的事情，公主居然已怀有身孕！令人匪夷所思的是，这件事连公主自己也说不清楚。这可吓坏了两位大臣，于是召集所有侍卫，严刑讯问，却问不出个所以然。最后，问到公主最亲信的宫女，宫女说："公主困在山顶的时候，警卫重重，一般人见不了公主？只是每当正午，都会有一个骑着金马的王子，从太阳中来到山上和公主幽会。"

两位大臣听了，商量道："虽是这样，但我们见了国王仍是不好交代，难免引来杀身之祸。可是嫁出去的姑娘泼出去的水，公主也不能这样回娘家，不如我们就暂时留居此地。"于是大家就地安营扎寨，在山顶上"筑宫起馆"，把公主正式安顿下来，使者和卫兵们便在山岗附近的帕米尔高原上就地开荒种粮。

第二年，公主生下一个男孩，聪慧英俊。大家就奉这个男孩为王，即揭盘陀国第一代国王。自此以后繁衍生息，成为玄奘途经"揭盘陀国"的祖先。当年这位公主避乱的地方，就被称为"公主堡"。国王因母是汉土之人，父乃日天之种，故自称"汉日天种"。

保留至今的公主堡废墟，地处红其拉甫河和喀喇秋库尔河的交汇处。废墟方圆2000多米，倚高山而建。正面是用石头砌成的倾斜墙面，西墙则用黄土筑成。除南面和北面有可登上堡顶的碎石坡外，其余各面是飞鸟也难逾越的陡壁。废墟内由东向西呈阶梯状建造的房屋遗址依然可见。堡内有一棵孤零零的柏树，被称为"公主柏"。堡外东面有一可观察各处的瞭望哨卡。

古堡山势峻险，战略位置十分重要。它扼守在两条要道的交会之处：一条向西的山路，可越过明铁盖达坂而到阿富汗和费尔干纳，再到阿拉伯半岛和地中海东岸；一条向南的山路，可越过红其拉甫达坂，通往克什米尔和印度，两条路合并后绕经公主堡的悬崖下。凭借这地理优势，只要用少量兵力，居高临下，守卫在公主堡上，有来犯者，投以木石，就能牢牢地控制住山地。

从古堡所处地势分析，公主堡应该是一处军事性质的工程，与保卫古代丝绸之路交通安全有关。

公主堡与塔什库尔干的"石头城"，相隔不到80公里，分别位于一条南北走向的山间谷地的两端，谷地两侧山岭连绵，塔什库尔干河纵贯其间。这一带水草丰美，六畜兴旺，田畴错落，民居栉比，可算是帕米尔高原的富庶之区。"石头城"位于塔吉克自治县县城东北1公里，建在一块突起的高地上，地势十分险要（图102）。城垣依山岗形势用块石夹土垒砌，起伏曲折略近方形，城墙周长1300多米，残高6

米，虽有部分坍塌，但总体结构完整，城门、角楼、城堞、女墙都明晰可辨。其地形地理位置与《大唐西域记》中"基大石岭，背徙多河"（即叶尔羌河上游塔什库尔干河）的记载相符，这就是当年揭盘陀国的都城所在地，是唐代的戍守之所，也是通往西亚、南亚的必经之地。

图 102　石头城

堆积如山、发霉坏烂的丝织品

敦煌藏经洞出土的《慧超往五天竺国传》残卷中，记载了一件颇为有趣的事。

在帕米尔高原的大山里，有一个叫作"九识匿"的国家。由于该国地处丝绸之路要冲，东西方的使臣、商旅来来往往都要经过这里。于是，这个国家的国王常常派二三百人埋伏在山沟间，拦劫过往的使节、商队，掠夺其财物（图103）。

他们抢劫的财物中，有大量的丝绸绢帛，但他们从来不用这些丝织品做衣服，只是将它们都堆积在仓库中，一大堆一大堆的，像一座座小山似的，任其霉烂坏掉（图104）。

之所以如此，是因为这里的气候十分寒冷，四季积雪，除了国王身穿棉布做的皮袄外，一般民众常年都穿的是"皮裘毡衫"，根本用不上这些纺织品。他们既不将其做成衣服穿戴，也不将其转手进行贸易，但毕竟是冒着生命危险抢来的，所以又舍不得扔掉，便只能堆放在仓库里，任其发霉坏烂。

图 103　莫高窟盛唐第 45 窟南壁　胡商遇盗

图 104　尼雅遗址出土的汉代印花棉布

尼泊尔国的奇观——水火池

山国尼泊尔，自古以来和中国人民保持着友好往来的关系。尼泊尔南部赖特平原上的蓝毗尼，是释迦牟尼的诞生地。公元 405 年，中国高僧法显为了寻找这个佛教圣地，曾经跋山涉水来到这里，归国时带回珍贵的佛像和佛经。公元 406 年，尼泊尔第一位访问中国的高僧佛驮跋陀罗来到中国，译经弘法 21 年。公元 636 年，高僧玄奘到了尼泊尔的蓝毗尼，参谒释迦牟尼的诞生地。

从公元 643 年开始，中尼两国间有了正式的使节来往。这一年，初任融州黄水县令的王玄策奉命作为副使，跟随朝散大夫、卫尉寺丞、上护军李义表护送婆罗门国（今印度一带）使节回国，几次途经当时的泥婆罗国（即尼泊尔），都受到尼泊尔国王和人民的热烈欢迎。其间国王那陵提婆还亲自邀请并陪同他们去观看尼泊尔的一大奇观——水火池。这次观赏水火池、友好相处的事引起了我国史学家和佛教徒的高度重视，如《旧唐书》《新唐书》《大唐西域记》《法苑珠林》等古籍中都有关于尼泊尔水火池的记载。而所谓"水火池"中的"水"，实际上是能源矿藏——石油。

《新唐书》卷二二一中记载："贞观中，遣使者李义表到天竺（印度），道其国（经过尼泊尔）、提婆（尼泊尔王那陵提婆）大喜，延使者同观水火池。池广数十丈，水常溢沸，共传旱潦未始耗溢。或抵以物，则生烟。釜其上，少选可熟。"

《法苑珠林》卷一六也有记载："王玄策《西国行传》云：唐显庆二年（657 年），敕使王玄策等往西国送佛袈裟。至泥婆罗国（即尼泊尔）西南颇罗度来村东坎下，有一水火池。若将家火照之，其水上即有火焰于水中出。欲灭以水沃之，其焰转炽。汉使等曾于中架一釜，煮饭得熟。使问彼国王，国王答使人云：'曾经以杖刺着一金柜，令人挽出，一挽一深。相传云：此是弥勒佛当来成道天冠，金火龙防守之。此池火乃是火龙火也。'"

这些记载说的是泥婆罗国（尼泊尔）的一处水池中藏有一大柜子，内藏弥勒菩萨的头冠衣服等，平时水池清澈见底，看不到任何异样现象。但是如果有人试图来取或来盗弥勒法服时，水中会突然出火，使人不能靠近，更不可能拿到柜子。所谓"金柜""弥勒""火龙"等，自然实无其事，但是剔除其中的宗教色彩，不能不说是一段真实的中尼友好佳话，同时也可以了解到当时尼泊尔的石油资源情况。

这个故事还通过各种渠道传到了中国，在敦煌壁画中也有许多描绘。如莫高窟中唐第 237 窟西壁佛龛顶部，便画有一方形柜状物漂在水面上，池水中燃起熊熊烈火，旁侧岸边有一人双手合十观看（图105）。莫高窟五代第 98 窟甬道顶部中，绘一绿色水池，一方形柜状物浮在水面上，四周熊熊烈火（图 106）。旁侧还有题记："中天竺泥波罗国有弥勒头冠柜在水中，有人来取，水中火出。"莫高窟晚唐第 9 窟甬

諸不是者
幸得喜非
山非海非
業力自近室有
業力自選室村未業力自近

▶ 图105　莫高窟中唐第 237 窟西壁
龛顶水火池

▼ 图106　莫高窟五代第 98 窟甬道
水火池

道顶部，也绘有一水池，一方形柜状物浮在水面上，前侧熊熊烈火，岸边有人正在双手合十礼拜，也有人正在指点观看（图107）。显然，这些画面都画的是同一故事，这些壁画出自普通画工之手，可见这段佳话在当时流传甚广。敦煌文献S.2113写卷《诸佛瑞像记》中也记载："北天竺泥婆罗国有弥（勒）头冠柜在水中，有人来取，水中火出。"

图107　莫高窟晚唐第9窟甬道 水火池

　　唐代时期，也曾有尼泊尔人民在敦煌与中国人民共同生活。在藏经洞出土的藏文写卷中，摘载有尼泊尔人写给吐蕃赞普的信，这封信中说："每年对于宫廷（指吐蕃宫廷，当时敦煌属吐蕃）及大将有贡献一次冬梨的规定，兹因大王已有园林多处，不仅足够贡献，而且绰有余裕……吾等南尼波罗小康人家，每户各植一园，……今传说沙州官吏意欲借强权侵夺，恳请降恩，严令禁止，以后不许侵夺百姓之园林。"吐蕃王接受了尼泊尔群众的申诉，下令禁止侵夺民园。

　　唐时中尼两国的交往非常广泛，公元 647 年，尼泊尔的使者还送来了菠菜等许多礼物，为我国增添了新的蔬菜品种，丰富了我国食品种类。如《新唐书》卷二二一中记载："贞观二十一年（647 年），（泥婆罗国）遣使入献波棱（菠菜）、酢菜、浑提葱。"

　　尼泊尔独具一格的建筑风格，也极为令古代中国人民钦佩和喜爱。尼泊尔的著名工匠也曾应邀来到中国建造庙宇。布达拉宫便有中尼两国建筑艺术相互融合的风格。公元 13 世纪中叶，尼泊尔建筑家阿尼哥等几十人应元世祖忽必烈的聘请，来我国西藏建造金塔，塑铸佛像，后来又从西藏到北京，与中国同行共同建造寺塔等建筑。

　　这一切，与"水火池"的故事一样，都反映了中尼两国长期以来的友好情谊。

王玄策借兵灭绝摩伽陀国

贞观二十二年（648 年），唐太宗命王玄策为正使，蒋师仁为副使一行三十人出使西域。目的有三：一是出使摩伽陀国（也叫"中天竺"，即印度）；二是拜会吐蕃王松赞干布，睦邻友好；三是看望文成公主。

此时摩伽陀国发生了政变，而王玄策等人不知道这个情况，于是照常上路。篡位的新王阿罗那顺听说大唐使节入境，竟派了两千人马半路伏击，王玄策率领三十人与之作战，但终因寡不敌众，最后三十人全部被擒，所有财物也被掠夺。

后来，王玄策、蒋师仁寻机逃脱，发誓要灭绝摩伽陀国，以雪使者被杀之耻！两人于是策马北上，渡过甘第斯河和辛都斯坦平原，以喜马拉雅山脉为目标，一路来到了尼泊尔。在尼泊尔，王玄策与尼泊尔王谈判，以吐蕃王松赞干布的名义（当时松赞干布分别迎娶了尼泊尔的尺尊公主和大唐帝国的文成公主为皇后），向尼泊尔借得七千骑兵，同时还檄召临近大唐各藩属国，外加吐蕃松赞干布派来了一千二百名精锐骑兵，人马总数接近一万。王玄策自命为总管，命蒋师仁为先锋，直扑印度。

在北印度茶博和罗城外，王玄策用"火牛阵"一仗击溃摩伽陀国数万战象部队。阿罗那顺大惊，守城不出，王玄策一心报仇，拿出唐军攻城的各种手段——云梯、抛石车、火攻，狠攻月余。茶博和罗城兵溃城破，王玄策一路追来，斩杀印度兵将三千，印度兵将落水溺毙者超一万，被俘一万一千，阿罗那顺逃回中印度。

王玄策乘势攻入中印度，并发誓要尽灭印度。而印度兵将与唐军一接触，便溃不成军，阿罗那顺弃国投奔东印度，求得东印度王尸鸠摩援兵，接着再招集散兵残将准备反攻唐军。王玄策设法用计引阿罗那顺上钩，活捉了阿罗那顺，俘虏和斩杀千余人。逃窜的残部跟着阿罗那顺的妻子，试图在乾陀卫江城做最后抵抗，也被蒋师仁攻破。阿罗那顺的妃子、王子及臣民一万二千人皆被俘，同时还获得牲畜三万，随后五百八十所城邑望风而降。

由于东印度援助阿罗那顺，王玄策准备顺势再攻东印度。尸鸠摩吓得魂飞魄散，急忙送来牛马万头，以及弓、刀、璎珞等大量财物，向唐军谢罪，表示臣服大唐帝国，王玄策方才罢兵回朝述职，同时将阿罗那顺披枷带锁押回长安。太宗皇帝大喜，下诏封赏玄策，授朝散大夫。

王玄策这次借兵战胜印军的事迹，后被人演绎为"一人灭一国"的传奇故事。其实，"一人灭一国"只是笼统的说法。王玄策的确有指挥之功，但是若没有吐蕃和泥婆罗（尼泊尔）的借兵，王玄策一人也断然不能成事。

另外，有学者认为，尽管王玄策有充分的理由（使团被劫杀）执行这次攻击行动，并且在战术上可圈可点，但从战略层面上来说，这无疑帮助吐蕃解除了背后潜在的威胁。因为作为使者的王玄策，出使印度所执行的任务实际上和张骞类似，是为唐朝在吐蕃背后的印度寻找战略盟友，以牵制这个强大的对手（虽然这时唐、吐两国，已经貌似化干戈为玉帛了）。然而最终的结果却是，唐朝使者在吐蕃的帮助之下，攻击了这个本该合纵连横的对象。

　　不管怎样，王玄策这次借兵战胜印军，既反映了当时唐王朝与吐蕃、尼泊尔及印度等国的复杂关系，同时也对后来丝绸之路上各国的政治、经济产生了不可忽视的影响。

印度方士为李世民炼制长生药

王玄策在借兵灭绝摩伽陀国的过程中，还有一件事在中国历史上曾经有过深远而巨大的影响，那就是此次战役中俘获叛王阿罗那顺及其妃子、王子的同时，还俘获了一名印度方士那罗迩娑婆（或译作"那罗延娑婆寐"等）。《旧唐书》《新唐书》《资治通鉴》《酉阳杂俎》等许多史籍中都有颇为生动的记载。

《新唐书·西域传·天竺传》中记载："（贞观）二十二年（648 年），遣右卫率府长史王玄策使其国，以蒋师仁为副……得方士那罗迩娑婆寐，自言寿二百岁，有不死术。帝改馆使治丹，命兵部尚书崔敦礼护视。使者驰天下，采怪药异石，又使者走婆罗门诸国。所谓畔茶法水者，出石臼中，有石像人守之，水有七种色，或热或冷，能销草木金铁，人手入辄烂，以橐它髑髅转注瓠中。有树名咀赖罗，叶如梨，生穷山崖腹，前有巨虺守穴，不可到。欲取叶者，以方镞矢射枝则落，为群鸟衔去，则又射，乃得之。其诡谲类如此。后术不验，有诏听还，不能去，死长安。"

《册府元龟·帝王部·智识》中也记载："显庆二年（657 年），道王友王玄策奏言：'臣从西域使回，将长年婆罗门至此，问其合药之法，报臣必成。恩旨今若放还，恐失方术之士。'玄策退，帝谓侍臣曰：'玄策昨进对言，古人欲招天下贤哲，先市骏骨，固请留此婆罗门。朕观其狼戾狷急，恐竟无益。口云合药成，欲服时，须断食三日，服药令吐后，还断食服药遣三利。令人极瘦困，然后与药，即换肌肉，始得长生。遍观史籍，定无长生之理。昔者，秦皇、汉武慕神仙，求采药物，劳役天下。秦皇五十之余即死；汉武末年，乃至国用靡费，功力不足，赖其早觉昔非，下制责躬，息兵止役，始得安静。年逾七十，仅免灭亡。审念此等，必知无成。若有其实，长生之人，即今何在？'司空李勣对曰：'此婆罗门未曾经试来，或容不可谙悉，前已验其无成，所以放去，今复更来，头须自白，衰老渐及，岂得仙之状耶？玄策诡诳，何处即有所解？昨见其重来，群情已甚惊怪，陛下知无所用，令更放去，臣等不胜喜悦。'"

　　这两段文字叙述得太生动形象了，如果用白话翻译出来必会大大逊色，故原文摘录于此，供大家细读玩味。为了照顾一些对文言文不熟悉的朋友，这里再简单介绍一下有关故事内容。

　　文献中记载说唐太宗贞观二十二年（648 年），王玄策在平定印度摩伽陀叛王阿罗那顺的战斗中，同时俘获了印度方士那罗迩娑婆。这个印度方士吹嘘自己有二百岁高龄，专门研究长生不老之术。为迎合李世民乞求长生不老的心理，王玄策把他带回长安献给李世民。果然，李世民对这个印度方士很感兴趣，命令其为自己炼制长生不老之药，并派出大量人员到各地采集奇草怪石等为药料。然而丹药炼成后，太宗服后不仅无效，而且因之而死。众臣议论如何治这个方士之罪，考虑到这件事宣传出去，恐怕会引起夷狄取笑，最后决定将其放归本国。但到了十年之后，高宗李治即位，这个印度方士又来到大唐长安，被王玄策再度推荐给唐高宗，但被高宗断然拒绝，再次放还，最后客死于长安。

这个故事有许多值得思考之处，一是丝绸之路的开通与帝王寻求长生不死有一定关系，如秦皇派徐福到海外寻找长生不死之药。二是许多臣子在努力迎合帝王心理的同时，自己也对此深信不疑，否则王玄策不会反复地将这个印度方士推荐给唐太宗和唐高宗。三是当唐太宗因服药死后，并没有将这个方士处死，而是放其回归本国，反映了大唐的宽容。四是这个印度方士竟然敢在十年之后又重返长安，说明唐王朝的经济文化生活对外国人很有吸引力。另外也说明他可能确实也有些本领，也可能有些医术，他所配制的"畔茶法水"，应该是印度的一种古医方，适用于某类病症，但不适用于唐太宗而已。五是唐高宗非常明智，头脑清醒，善于推理，根据史籍中"无长生之理"，以及"秦皇、汉武慕神仙，求采药物，劳役天下"也难免一死，进一步指出如果有"长生之人，即今何在？"最后断然拒绝王玄策的推荐。

这个故事真实地反映了当时中西文化交流的情况。

充满神异色彩的安息国王子

东汉时期，继印度僧人摄摩腾、竺法兰来到中国之后，陆续来中国的外国僧人逐渐增多，其中颇负盛名而又充满神异色彩的，便是安息国（又称波斯，即今伊朗）的王子安世高了（图108）。

图 108　安世高（引自网络）

安世高，天资聪颖而且刻苦好学。他年轻时就通晓星象、五行、医术等知识，比如观察病人之气色，便知病人之病情，后对症下药。他还经常与鸟兽为伴，观察他们的行动和叫声，因此能读懂动物的语言。据说，有一日，他与伙伴一同出游，途中看到一群燕子飞过身旁，它们的呢喃之声传入安世高的耳朵，他听懂了燕子之意，于是对同伴说："燕子告诉我说，过一会就有人给我们送吃的来了。"他们走了一段路后，他的话果真应验了，众人都感到非常奇异，一传十、十传百，安世高的大名就很快传遍了安息国。

他虽然居王子之尊位，却谦虚好学。对父母更是孝顺恭敬，幼时就被大家称为孝子。

安世高的青少年时代，国内政治斗争尖锐复杂。他对统治集团的奢侈腐化和尔虞我诈深感厌倦，所以放弃荣华富贵，服膺佛教，虽然居于王宫，却自觉地严格尊奉佛教戒律，并时常举行法会宣讲佛理，同时尽力向佛寺施舍。

安世高的父王去世后，按理他应嗣位为国王。为了避免更深地陷入政治斗争的漩涡，安世高办理完毕父亲丧事之后，便把王位让给叔父，自己则出家为僧。

安世高正式出家之后，非常精进，加上天资过人，不久便对佛教经藏了如指掌，其中对阿毗昙尤为精通。在安息国修习一段时间后，便开始游历西域诸国，寻求佛法，传经布道。

据传，安世高的前生是出家人，当时（前生）有一个同学，嗔恨心特强，托钵乞食时，若施主不合自己的心意，往往心怀嗔恨。安世高（前生）常常对他苛责和劝谏，但是同学总是本性难移，依然我行我素。经过二十多年，安世高（前生）向同学告辞："我必须到广州，了结宿世的业力。你于明达经藏和精进不懈两方面，都远超过我，但是你的本性容易发怒嗔恨，死后一定会投生为丑恶的形体。如果我得道成就，一定来度你。"安世高（前生）刚到广州，正是寇贼作乱的时候。走在路上，遇到一位少年，唾手拔刀说："真逮到你了！"安世高（前生）微笑着说："我过去生亏欠你一命，所以千里跋涉，特地前来偿还宿债。你现在非常愤怒不平，这本来就是过去生所积存的怨气。"于是，安世高（前生）伸长脖子挨刀，没有丝毫恐惧的样子。那位少年挥动快刀，也没有丝毫迟疑，杀了安世高（前生）。安世高（前生）回到安息国，投生为安息国的太子，即后来的安世高。

安世高来华途中，游历西域诸国，精通西域诸国语言。到东都洛阳不久，便很快又通晓中文，这对他的翻译工作起到了很大的帮助。当时佛教初传，佛教名词很难找到相对应的汉语词汇，常常要为一个名词的意译或音译斟酌再三。他克服了各种困难，对佛经精心翻译。

安世高舍弃安息王之尊位，千里迢迢来到中国，传播佛法，可以说对中国佛教的传播与发展起到了一定的启蒙作用，他的译经和讲经方式都影响了以后的译经僧。他开创的"口解"方式，在传译过程中，分类解释，记录下来以后就变成了对经的一种注疏。

晋代道安编纂的《众经目录》里，列举了所见过的安世高所译经典共 35 种，41 卷。其后历经散失，现存 22 种，26 卷。

在洛阳的译经活动结束后，为了躲避祸乱，安世高离开洛阳，到南方各地游历。由于他通异术，所以每到一地，就会流传出他的种种神奇故事。在江西境内，安世高曾预言要超度一位过去的同学，后在一庙中遇到一条蟒蛇，这蟒蛇原来是安世高的同学，同在西域学法，只因生性好嗔怒，所以遭报应，转为蛇身。安世高将它超度，脱蛇身，化为少年。这一传说体现出因果报应的思想及学佛者所应去除的障碍，莫高窟宋代第 454 窟甬道顶部描绘了这一故事（图 109）。

关于安世高的种种神异传说广为流传，此等故事怪诞离奇，不足

图 109　莫高窟宋代第 454 窟甬道 高僧安世高的故事

为训，但也反映出安世高在民间的广泛影响。人们从这类故事中感到佛教的三世轮回学说不可不信。所以，安世高的译经传道与通过异术激发群众对佛教的敬信皈依相辅相成，对汉末佛教的迅速传播起了很大的作用。同时，他利用自己的博学多才，为人治病、望气、占候、推步，以加强人们对佛教的敬信。据说安世高在中国活动的时间有三十多年，最远到达广州。后来又北上，在浙江会稽的街市上被斗殴者误伤身亡。

据佛经说，他之所以去广州，是为了"寻其前世害己少年"，到了广州后，那位少年尚在，年已六十余，"世高径投其家，共说昔日偿对时事"。并对那位已年过六十的"少年"说："吾犹有余报，今当往会稽毕对。"这位广州人"深悟世高非凡，豁然意解追悔前愆，厚相资供，乃随世高东行"，一同到达会稽后，"至便入市，正值市有斗者，乱象殴击误中世高，应时命终"。不过，有人认为，安世高在会稽遭祸，可能与他表现异术而引起骚乱有关。

不管怎样，安息国（伊朗）王子安世高的传奇故事，反映了当时中伊两国之间的交流情况。

微信扫码
● 丝路起源
● 丝路兴盛
● 丝路重生

迦没路国的国王请老子像和《道德经》

人们都知道中国僧人到印度学习佛教之事，而在印度也曾有国王希望学习中国道教之事却几乎无人知晓。

据《旧唐书》卷一九八记载："五天竺所属国数十，风俗略同，有伽没路国，其俗开东门以向日，王玄策至，其王发使，贡以珍奇异物及地图，因请老子像及《道德经》。"《新唐书》卷二二一中亦记载："东天竺……迦没路国献异物，并上地图，请老子像。"

迦没路国即伽没路国、迦摩缕波国，是古代东印度境内的一个大国。它强大的时候，治域不仅包括全部的布玛拉普特拉河谷，而且兼有孟加拉国北部地区。东面的边境至布玛拉普特拉河曲、印缅边境的曼尼坡等地，北至不丹，南到布玛拉普特拉河及恒河口一带。玄奘《大唐西域记》中曾以"周回万里"来说此国幅员辽阔。该国是印度诸国中最早和我国交往的国家之一，《史记》《后汉书》等书籍中都有记载。

迦没路国的国王，又称童子王、鸠摩罗王或日胄王，是个崇尚武力的刹帝利战士，曾向戒日王发出挑战，后经玄奘劝解而向善。

关于迦没路国童子王求请《道德经》并请翻译为梵文的事，《集古今佛道论衡》中有较为详细的记载："贞观二十一年（647年），西域使李义表还，奏称：'东天竺童子王所，未有佛法，外道宗盛。臣已告云：支那大国，未有佛法以前，旧有圣人说经，在俗流布，但此文不来，若得闻者，必当信奉。彼王言：卿还本国，译为梵言，我欲见之，必道越此徒，传通不绝。'登即下敕，令玄奘与诸道士共译出，于时道士蔡晃、成英二人，李宗之望，自余锋颖三十余人，共集五通观，同别参议，详校《道德》。奘乃句句披析，穷其义类，得其旨理，方为译之。"

从文献可知，在李义表、王玄策奉旨出使印度时，曾到过迦没路国，李义表曾向童子王介绍过老子和《道德经》，引起童子王的兴趣而索要这些东西。李义表归国后向唐太宗奏说此事。太宗皇帝闻知后，非常高兴，立即敕令已回国多年的玄奘与道士蔡晃、成英等人共同将《道德经》翻译成梵文，然后送给迦没路国，借此扩大唐帝国在印度的影响。

有关记载反映了当时中西之间的文化交流是双方的、互补性的，中国人远涉千山万水到印度寻佛取经；而东天竺迦没路国的国王，因该国"未有佛法，外道宗盛"，也想借用中国道教来治理国家。

另外，当唐太宗决定向印度输出道教文化的时候，中国文人内部出现了纷争。在如何翻译《道德经》的过程中，玄奘与道士蔡晃、成英之间发生了激烈的争论。

道士认为可以引用佛经来解释道经，但玄奘坚决反对，说："佛道两教，其致天殊，安用佛言，用通道义？"

为了翻译《道德经》的第一个字——"道"，玄奘与道士们争论得很激烈。玄奘想用"末伽"来译"道"字，而道士们则主张用"菩提"来译，各举出一大堆理由，舌剑唇枪，煞是热闹。

后来，好不容易正文译完，又出现了译不译序的问题。玄奘不肯翻译《老子·河上公注》，道士成英强调说，老子的《道德经》很玄秘，没有序注，无法理解。玄奘却说："（河上公）序实惊人，同巫觋之淫哇，等禽兽之浅术。"翻译了，会给乡邦脸上抹黑。

从表面看，翻译《道德经》时出现的争论，反映了佛道两家之间的矛盾，最终结果是玄奘胜利，用"末伽"来翻"道"字，"序文"也不译。然而，当玄奘好不容易将《道德经》全文翻译成梵文后，大概因为争论旷日持久，导致唐太宗对此热情减退，迦没路国的童子王也淡忘了此事，梵本《道德经》及老子像最终都没有传到印度。

中国的国粹文化，就这样失去了一次走向世界的机会，让今人失去了又一件引以为豪的事。

嚈哒国、乌场国、乾陀罗国的礼俗

　　北魏神龟元年（518 年），管理僧侣的官员敦煌人宋云，受胡太后之命，与崇立寺沙门惠生、法力等出访天竺。

　　他们从洛阳出发，经吐谷浑、鄯善、于阗等地，于十月初，越过兴都库什山，到达嚈哒国（今阿富汗斯坦巴尔赫地区）。

　　宋云等人途经的嚈哒国，势力强大，其国土东自于阗，西及波斯，周边四十余国皆臣服于它，"四夷之中，最为强大"。嚈哒人以游牧为生，"以毡为屋，随逐水草"，不信佛法，"杀生血食"。国王住的大毡帐"方四十步，周回以氍毹为壁"。国王和王妃都身穿锦衣，王妃穿的锦衣垂地三尺，使人为之托起。当宋云递呈北魏明帝给嚈哒国王的诏书时，嚈哒国王非常恭敬地从金床下来，"再拜跪受诏书"。宋云一行在嚈哒国逗留了近一月，国王对宋云等人优礼相加，招待甚周。

　　十二月初，宋云一行到达乌场国（今巴基斯坦斯瓦特河沿岸）。乌场国"北接葱岭，南联天竺，土气和暖，地方数千里"，这里"土地肥美，人物丰饶，五谷尽登，百果繁熟"。其繁华程度几乎可与中国的临淄、咸阳城相媲美。

当宋云递交诏书时，国王也非常恭敬地"膜拜受诏书"。听说胡太后崇奉佛法，便立即"面东合掌，遥心顶礼"。

在乌场国逗留期间，宋云曾与乌场国王之间有一段有趣的对话。国王问宋云："你是从日出地方来的人吗？"宋云回答得很巧妙："我国东界有大海水，日出其中，实如来旨。"国王接着又问："你们那里有圣人吗？"宋云听罢，便滔滔不绝地说"周孔庄老之德，次序蓬莱山上银阙金堂"，再说"管辂善卜，华佗治病，左慈方术"，一口气说出了中原各行各业的先贤至圣一大堆。宋云这一席话使乌场国王目瞪口呆，羡慕不已，不由得感叹道："若是真如你所言，这便是佛国了，我希望待我命终后，再生之日能够出生在你们那里。"

自然，宋云等人在乌场国受到非常好的礼遇。随后，宋云、惠生一行出城漫游，拜谒该地的陀罗寺，以及佛陀苦行、投身饲虎处和晒衣石等佛教圣迹（图110）。

正光元年（520年）四月中旬，宋云一行来到乾陀罗国（又称犍陀罗国，即今巴基斯坦白沙瓦地区）。乾陀罗国"土地亦与乌场国相似"，该国的国王"立性凶暴，多行杀戮，不信佛法，好祀鬼神"。当宋云一行面见国王，送上诏书时，国王傲慢无礼，漫不经心地坐在王位上接过诏书，随意浏览。宋云对此甚为不满，遂上言道："大山有高低，河水有大小，人间世界，更有尊卑之别。我行抵嚈哒国、乌场国，他们的国王都是拜受诏书，而大王你为何不拜？"乾陀罗国王笑着回答："假若面觐魏王，我理当礼拜，但是收到魏王的信，坐着阅读，有什么值得

图110　莫高窟初唐第323窟北壁 晒衣石 ▶

大惊小怪的？世人得到亲生父母的书信后，都是坐着阅读的。大魏王朝如同我父母，我接到信后坐着阅读，难道有什么不妥吗？"宋云听后无言以对，颇为尴尬。随后，国王让人将宋云一行带到一座寺庙住宿，"供给甚薄"，其受到的待遇与嚈哒、乌场两国相比，相差甚远。不过，虽然他们未得到热情招待，但也没有受到有意刁难。乾陀罗国王还允许他们在这个国家的任何地方游览朝觐，也可以带走他们求得的所有佛经和佛像。只是由于受中国传统文化的影响，宋云他们总觉得在这里丢了"面子"，对此事耿耿于怀，过了很长时间，还觉得心里不舒服。

不同的国家，由于政治、经济、文化的差异，自然会有不同的礼俗。宋云一行对此如果有思想准备，面临各种情况时便会随机应变，随遇而安。

参考文献：

[1] 陈良著.丝路史话[M].兰州:甘肃人民出版社，1983.7.

[2] 杨建新，卢苇著.丝绸之路[M].兰州:甘肃人民出版社，1988.3.

[3] 甘肃新闻工作者协会编.丝路纪行[M].兰州:甘肃人民出版社，
1986.3.

[4] 成一，赵昌春等撰文.丝绸之路漫记[M].北京:新华出版社，
1981.11.

[5] 田恒江，周德广撰文.丝绸之路漫记[M]（甘肃分册）.北京:新华
出版社，1984.8.

[6] 王德温，王煌彦撰文.丝绸之路漫记[M]（陕西分册）.北京:新华
出版社，1987.3.

[7] 丝绸之路考察队.丝路访古[M].兰州:甘肃人民出版社，1983.4.

[8] 黄昌俊，周湘云编.西塞采风录[M].新疆:新疆人民出版社，1984.8.

[9] 李明伟主编.丝绸之路贸易史研究[M].兰州:甘肃人民出版社，
1991.12.

[10] 高海龙主编.丝绸之路甘肃段旅游指南[M]（中英文对照本）.兰
州:甘肃人民出版社，1992.8.

[11] 王尚寿，季成家等编著.丝绸之路文化大辞典[M].北京：红旗出版社，1995.8.

[12]（魏）杨衒之撰，周祖谟校释.洛阳伽蓝记校释[M].北京：中华书局，1963.5.

[13]（唐）玄奘，辩机原著，季羡林等校注.大唐西域记校注[M].北京：中华书局，1985.2.

[14] 冯立.隋唐画家轶事[M].西安：陕西人民美术出版社，1984.7.

[15] 崔明德著，中国古代和亲通史[M].兰州：甘肃人民出版社，2007.5.

[16] 吴月，王会绍等编写.甘肃风物志[M].兰州:甘肃人民出版社，1985.6.

[17] 沙武田编著.敦煌壁画故事与历史传说[M].兰州:甘肃人民出版社，2009.5 月.

[18] 田卫疆.丝绸之路上的古代行旅[M].新疆:新疆青少年出版社，1993.12.

[19] 马曼丽，樊保良编著.古代开拓家西行足迹[M].西安：陕西人民出版社，1987.1.

[20] 陈作义编.丝路取经人[M].兰州:甘肃人民出版社，1991.5.

[21] 贾应逸，祁小山著.佛教东传中国[M].上海：上海古籍出版社，2006.5.

[22] 丛德新著.消失的古城——楼兰王国之谜[M].成都：四川教育出版社，1996.9.

[23] 刘维钧著.西域史话（二）[M].新疆:新疆青少年出版社，1985.7.

[24] 郭文奎主编.庆阳史话[M].兰州:甘肃文化出版社，2004.7.

[25] 李忠信主编.宁县史话[M].兰州:甘肃文化出版社，2004.7.

[26] 甘成福主编.平凉史话[M].兰州:甘肃文化出版社，2007.3.

[27] 仇非主编.崆峒史话[M].兰州:甘肃文化出版社，2004.7.

[28] 张占社主编.静宁史话[M].兰州:甘肃文化出版社，2004.7.

[29] 张文玲主编.榆中史话[M].兰州:甘肃文化出版社，2005.3.

[30] 邓明著.兰州史话[M].兰州:甘肃文化出版社，2005.6.

[31] 杨业普主编.永登史话[M].兰州:甘肃文化出版社，2004.7.

[32] 包继红主编.永靖史话[M].兰州:甘肃文化出版社，2006.7.

[33] 乔高才让主编.天祝史话[M].兰州:甘肃文化出版社，2004.7.

[34] 郭承录主编.武威史话[M].兰州:甘肃文化出版社，2005.5.

[35] 祝巍山编著.永昌史话[M].兰州:甘肃文化出版社，2004.7.

[36] 祝巍山，李德元主编.金昌史话[M].兰州:甘肃文化出版社，2006.2.

[37] 陈希儒主编.山丹史话[M].兰州:甘肃文化出版社，2004.7.

[38] 张志纯，何成才主编.金张掖史话[M].兰州:甘肃文化出版社，2004.7.

[39] 安邕江主编.酒泉史话[M].兰州:甘肃文化出版社，2005.11.

[40] 薛长年主编.嘉峪关史话[M].兰州:甘肃文化出版社，2007.3.

[41] 桂发荣，王鸿国编著.金塔史话[M].兰州:甘肃文化出版社，2005.12.

[42] 钟兴麒，王有德选注.历代西域散文选注[M].新疆:新疆人民出版社，1995.10.

展开丝路画卷
亲临历史现场

听见 所有浩荡、所有传奇、所有梦幻、所有恢宏

丝路缘起
西汉张骞通西域
风沙漫漫驼铃响

丝路兴盛
隋唐盛世广贸易
葡萄美酒夜光杯

丝路重生
民族交融大舞台
续写丝路新辉煌